Rudolf Zenker

Das historischen Grundlagen der zweiten Branche des

Couronnement de Louis

Rudolf Zenker

Das historischen Grundlagen der zweiten Branche des Couronnement de Louis

ISBN/EAN: 9783744612739

Hergestellt in Europa, USA, Kanada, Australien, Japan

Cover: Foto ©ninafisch / pixelio.de

Weitere Bücher finden Sie auf **www.hansebooks.com**

DIE HISTORISCHEN GRUNDLAGEN

DER ZWEITEN BRANCHE

DES

COURONNEMENT DE LOUIS

VON

R. ZENKER

SONDERABZUG AUS: BEITRÄGE ZUR ROMANISCHEN PHILOLOGIE
FESTGABE FÜR GUSTAV GRÖBER

—

HALLE A. S.

MAX NIEMEYER

1899

Verlag von Max Niemeyer in Halle a. S.

Beiträge

zur

romanischen Philologie.

Festgabe für Gustav Gröber.

1899. gr. 8. M. 16,00.

Daraus sind in Sonderabzug erschienen:

Freymond, E., Artus' Kampf mit dem Katzenungetüm Eine Episode der Vulgata des Livre d'Artus, die Sage und ihre Lokalisierung in Savoyen. M. 2,40

Kaluza, M., Ueber den Anteil des Raoul de Houdenc an der Verfasserschaft der Vengeance Raguidel. M. 1,00

Koschwitz, E., Ueber einen Volksdichter und die Mundart von Amiens. M. 1,20

Schneegans, H., Groteske Satire bei Molière? Ein Beitrag zur Komik Molière's. M. 1,20

Thurau, G., Geheimwissenschaftliche Probleme und Motive in der modernen französischen Erzählungslitteratur. M. 1,00

Vossler, K., Benvenuto Cellini's Stil in seiner Vita. Versuch einer psychologischen Stilbetrachtung. M. 1,20

Waitz, H., Der kritische Text der Gedichte von Gillebert de Berneville mit Angabe sämtlicher Lesarten nach den Pariser Handschriften. M. 2,40

Zenker, R., Die historischen Grundlagen der zweiten Branche des „Couronnement de Louis". M. 1,80

DIE HISTORISCHEN GRUNDLAGEN

DER ZWEITEN BRANCHE

DES

COURONNEMENT DE LOUIS

VON

R. ZENKER

———   ——— · —— ————

HALLE a. S.

MAX NIEMEYER

1899

SONDERABZUG AUS: BEITRÄGE ZUR ROMANISCHEN PHILOLOGIE

FESTGABE FÜR GUSTAV GRÖBER

Die historischen Grundlagen der zweiten Branche des „Couronnement de Louis".

Das Epos von „Ludwigs Krönung", welches sein Heraus-geber, E. Langlois,[1]) in der uns erhaltenen sprachlichen Form um 1130, G. Paris[2]) hingegen um 1150 ansetzt, zerfällt in vier sich deutlich von einander abhebende, auf sehr verschiedenen geschichtlichen Vorgängen beruhende Branchen.

Die zweite Branche, die V. 228, bzw. 272—1449, d. h. nahezu die Hälfte des ganzen Gedichts (2688 Verse) umfasst, hat zum Gegenstand einen Feldzug, den Wilhelm von Orange anlässlich einer Pilgerfahrt nach Rom auf Bitten des Papstes gegen die in Italien eingefallenen Sarazenen unternimmt. Der Gang der Handlung ist im einzelnen der folgende:

Nachdem der junge 15-jährige Ludwig in der Kapelle zu Aachen gekrönt ist und auf den Rat seines Vaters, Kaiser Karls, Wilhelm zu seinem Vormund ernannt hat (= Inhalt der ersten Branche), erbittet der letztere von Karl Urlaub für eine Pilger-fahrt nach Rom, die er schon vor 15 Jahren gelobt habe.[3]) Der

---

[1]) *Le Couronnement de Louis*, Paris 1888. (*Soc. des anc. textes franç.*).

[2]) *Litt. franç. au moyen âge*[2], S. 247.

[3]) Wenn Becker, *Die altfranzösische Wilhelmsage*, Halle 1886, S. 22 f. aus Tirade XI schliesst, „dass die Verse 1—271 zwei Scenen enthalten, wovon die eine (Tirade I—X) in Aachen bei der Krönung, die andere (Tirade XI—XIV) etwa fünf Jahre später im Palast spielt", so kann ich ihm nicht beistimmen. Die fragliche Tirade lautet:

> V. 160 *Quant ont le jor de Looïs rei fait,*
> *La cort depart, si sont remés li plait;*
> *Chascun Franceis a son ostel s'en vait.*
> *Cinc anz vesqui puis Charles et non mais.*
> *Charles li reis en monta el palais*
> *Ou veit son fill, si li dist entresait.*

Kaiser willigt, wenn auch ungern, ein und giebt ihm 60 (nach anderer Lesart 40) Ritter, sowie 30 mit Gold und Silber beladene Saumtiere mit. Wilhelm zieht, nachdem er von Ludwig Abschied genommen und ihm für den Fall der Not seinen Beistand zugesagt hat, über den grossen St. Bernhard nach Rom; Wibelin und Bertran befinden sich in seiner Begleitung. In Rom nehmen sie Quartier bei einem Wirte Namens Ciquaires und begeben

---

Offenbar soll mit V. 163 keineswegs, wie Becker will, gesagt werden, dass zwischen dem Vorausgehenden und dem Folgenden fünf Jahre verlaufen seien, vielmehr ist der Vers zu fassen als parenthetische Zeitbestimmung: „Dies geschah fünf Jahre vor Karls Tode". Der Hoftag löst sich auf, die Grossen kehren in ihre Heimat zurück, Karl aber begiebt sich in den Palast und belehrt dort seinen Sohn, wie er es vorhin öffentlich gethan, nun nochmals privatim über seine Regentenpflichten. Bei der Beckerschen Auffassung müsste doch notwendig ausgesprochen sein, dass der Kaiser das Herannahen seines Todes gefühlt und daraufhin seinen Sohn noch einmal vorgenommen habe; vermutlich würde der Dichter ihn uns auf dem Totenbette gezeigt haben — denn unmittelbar vor dem Tode wäre die Scene doch zu denken —, während er ihn hier noch ganz munter „den Palast hinaufsteigen" lässt. Es wäre auch nicht zu verstehen, wie Karl im Angesichte des Todes, Wilhelm, der eben zum Vormund des Sohnes ernannt wurde, Urlaub zu einer Fahrt nach Rom hätte erteilen können, während doch jeden Augenblick, im Falle seines Ablebens, Wilhelms Anwesenheit dringend nötig werden könnte. Aus Vers 249: *Al mostier fu Guillaumes Fierebrace* (wo die Krönung vollzogen worden ist) zu schliessen, dass sie noch in der Krönungskapelle sind, verbietet Tirade XI freilich; daraus folgt aber nicht, das inzwischen fünf Jahre vergangen sind, sondern nur, dass sie wieder in der Kapelle sind: Karl geht in den Palast, dort findet das Gespräch mit Ludwig statt, Wilhelm wird zum Vormund ernannt, dann begeben die drei sich wieder in die Kirche, wo Wilhelm den Schwur leistet.

V. 224 *Respont li cuens: Par ma fei, volentiers.*
Il li jura seur les sainz del mostier.

Zwischen V. 224 und 225 hat sich der Scenenwechsel vollzogen. Wenn Becker darauf hinweist, dass, falls man die Scene als eine einheitliche betrachte, Wilhelm 5 Jahre in Rom zugebracht haben müsste, so ist darauf zu erwidern, dass die Dichter es bekanntlich mit solchen chronologischen Angaben sehr wenig genau nahmen. Der Widerspruch zwischen der Anwesenheit des Papstes in Aachen und dann in Rom bleibt nun freilich, aber derselbe erklärt sich sehr einfach durch die Annahme, dass hier zwei Lieder zusammengefügt sind, die ursprünglich nichts mit einander zu thun hatten und dass der Widerspruch vom Redaktor nicht bemerkt wurde.

Diese Annahme widerstreitet allerdings Beckers These, wonach die ganze Branche erst nachträglich hinzugedichtet worden wäre. Aber diese These ist m. E. unhaltbar und hat auch bereits den Widerspruch Jeanroys, *Romania* 25, 357 u. 2 erfahren.

sich nach Beendigung der Mahlzeit zur Ruhe. In der Nacht hat Wilhelm einen schreckhaften Traum. Er sieht von Russland (*Rossie*) ein Feuer herankommen, das Rom an allen Enden in Brand steckt. Während er unter einem dicht belaubten Baume steht, stürzt ein Windhund auf ihn zu, der ihn in Angst versetzt; mit seiner Pfote giebt das Tier ihm einen solchen Schlag, dass er zu Boden stürzt. Da erwacht er und befiehlt Gott seine Seele. Der Traum, heisst es, wurde wahr, denn die Sarazenen befanden sich im Anzug: König *Galafre*, König *Tenebré*, König *Cremuz* und der „*amiré*" *Corsolt* haben Capua eingenommen, König *Gaifier* mit Frau und Tochter und 30 000 Christen sind in ihre Gefangenschaft geraten.

Am nächsten Morgen legt Wilhelm seine Waffen auf dem Altar nieder und hört die Messe, die der Papst celebriert. Da erscheinen zwei Boten mit trauriger Kunde: die Sarazenen haben Capua eingenommen und 30 000 Gefangene gemacht, die, wenn sie nicht befreit werden, des Todes gewärtig sein müssen. Erschrocken wendet der Papst sich um Beistand an Wilhelm, der eben knieend vor dem Altar betet. Dieser aber zaudert: er glaubt, mit seinem kleinen Häuflein gegen solche Uebermacht nichts ausrichten zu können; man solle einen Boten an Ludwig senden, dass er ihnen Hilfe bringe. Dem widersetzt sich indes Bertran aufs entschiedenste: unverzüglich möge man zu den Waffen greifen und sich zur Wehr setzen. Und der Papst wird dringender: „Sieh hier St. Petrus, den Hüter der Seelen. Wenn Du für ihn heute diese Vasallenfahrt unternimmst, dann darfst Du Fleisch essen alle Tage Deines Lebens und Frauen nehmen so viel Du Lust hast; Du wirst keine noch so schwere Sünde begehen — wofern Du Dich nur vor Verrat hütest —, von der Du nicht von vornherein für das Leben absolviert wärest. Im Paradies wirst Du wohnen, wo unser Herr seine guten Freunde behütet; St. Gabriel wird Dir vorangehen". „Ja, bei Gott", ruft Graf Wilhelm aus, „nie hatte ein Priester so freigebigen Sinn. Jetzt soll kein Mensch der Welt und kein Heide, sei er auch noch so grimmig, mich abhalten, diese Gesellen im Kampfe zu bestehen". Er greift sofort zu den Waffen, schwingt sich aufs Ross und schickt sich an, an der Spitze von 3000 Mann, die der Papst ihm zur Verfügung stellt, dem Feinde entgegenzutreten. Da erklärt der Papst, bevor es zum Blutvergiessen komme, noch einen Versuch machen zu wollen, die Ungläubigen zu friedlichem

Abzug zu bewegen: seinen ganzen Schatz wolle er ihnen als Preis anbieten. Der Vorschlag findet Billigung und so begiebt er sich denn selbst ins feindliche Lager zu König Galafre. Dieser aber weist das wohlgemeinte Anerbieten zurück. Dafür macht er den Gegenvorschlag, den Streit durch einen Zweikampf zu entscheiden: werde sein, Galafres, Kämpe besiegt, so solle Rom für alle Zeit dem Papst gehören und niemand solle es ihm dann je mehr streitig machen. Der Papst denkt sofort an Wilhelm und geht auf den Vorschlag ein. Auf seine Bitte führt Galafre ihm seinen Kämpen vor, König Corsolt, der wilde Drohungen gegen die Christen ausstösst und erklärt, keinen von den „Mannen Gottes" hienieden am Leben lassen zu wollen. Nach Rom zurückgekehrt, erstattet der Papst Wilhelm Bericht über das Ergebnis seines Vermittelungsversuches, woraufhin letzterer sich sogleich zum Kampfe anschickt. Der Zweikampf zwischen Wilhelm und Corsolt, der unter den Augen der beiden Heere und des Papstes stattfindet, wird nun sehr ausführlich beschrieben; in seinem Verlauf wird Wilhelm von Corsolt die Nasenspitze abgeschlagen, schliesslich aber gelingt es ersterem, den Kampf zu beenden, indem er seinem Gegner das Haupt vom Rumpfe trennt. Triumphierend kehrt er nach Rom zurück, wo er vom Papst, von seinem Neffen Bertran, von Wibelin und Gautier freudig begrüsst wird. Wilhelm erklärt ihnen, er wolle von nun an den Namen „Wilhelm mit der kurzen Nase" führen. Die ganze Nacht hindurch, bis zum Morgengrauen, wird der Sieg festlich begangen. In aller Frühe brechen die Heiden ihr Lager ab und wenden sich zur Flucht. Wilhelm mit seinen Genossen und dem Heere der Römer setzt ihnen nach und haut auf die Fliehenden ein, die sich nun zur Wehr setzen. König Galafre greift Wilhelm an in der Hoffnung, ihn gefangen zu nehmen, aber er wird besiegt und selbst zum Gefangenen gemacht; mit 300 andern Heiden sendet Wilhelm ihn an den Papst. Als die Heiden das sehen, verzichten sie auf weiteren Widerstand und wenden sich zur Flucht. Am Tiber angelangt, finden sie ihre Schiffe und segeln schleunigst davon. Galafre wird getauft, die christlichen Gefangenen, die sich auf einem Schiffe auf dem Tiber befinden, werden mit Galafres Beihilfe befreit und nach Rom gebracht. König Gaifier bietet Wilhelm seine Tochter zur Frau an, letzterer willigt auf Rat des Papstes ein und die Hochzeit soll eben in der Kirche gefeiert werden, da treffen zwei Boten aus Frankreich mit der Nachricht

ein, Kaiser Karl sei gestorben und Verräter wollten den Sohn
Richards von Rouen zum König erheben. Wilhelm ist sofort
bereit, dem an ihn ergehenden Rufe Folge zu leisten, er nimmt
Abschied von seiner Verlobten und kehrt in Begleitung von
1000 Rittern, die der Papst ihm mitgiebt, nach Frankreich zurück.
Damit schliesst die zweite Branche.

Wie man sieht, haben wir in ihr ein durchaus einheitliches,
in sich abgeschlossenes Ganzes vor uns, das mit dem Vorausgehenden wie mit dem Folgenden durch keine andern Fäden ver-
knüpft ist als allein die Person Wilhelms.

Die Frage nun nach den historischen Ereignissen, welche
die Branche wiederspiegle, ist verschiedentlich erörtert worden;
es haben sich darüber geäussert P. Paris,[1]) R. Dozy,[2]) Jonckbloet,[3]) L. Gautier,[4]) E. Langlois,[5]) Ph. A. Becker,[6])
L. Willems[7]) und zuletzt A. Jeanroy.[8]

Jonckbloet ist der Urheber der heute herrschenden Anschauung; er war der erste, der den König *Gaifier* unserer Chanson
mit dem historischen Herzog *Waifar von Salerno* indentifizierte
und demgemäss in unserer Branche einen poetischen Wiederschein der Kriege Kaiser Ludwigs II. gegen die Sarazenen in
den Jahren 866—872 erblickte. Langlois und Willems stimmten
bei und begründeten Jonckbloets Ansicht, die dieser nur kurz
angedeutet hatte, in ausführlicher Weise, Becker äusserte sich
gleichfalls zustimmend und ebenso Jeanroy, so dass also die in
Rede stehende Frage heutzutage, wie es scheint, als erledigt
betrachtet wird und unter den Forschern über die geschichtliche
Grundlage der zweiten Branche des *Couronnement de Louis* volle
Einhelligkeit besteht.

Ich glaube nun meinesteils, dass jene Frage durch Jonckbloets von den späteren Gelehrten acceptierten Hinweis auf
die Sarazenenkriege Ludwigs II. keineswegs abgethan ist, und

---

[1]) *Les manuscrits françois de la bibliothèque du roi*, Paris 1840, t. III, 125.

[2]) *Recherches sur l'histoire et la littérature de l'Espagne pendant le
moyen âge*, Leyden 1860, 2e éd., t. II, Append. p. XCIII. In der 3. Auflage
(Leyden 1881) hat Dozy den betreffenden Passus gestrichen.

[3]) *Guillaume d'Orange*, Haag 1854, t. II, 105 ff.

[4]) *Les Épopées françaises*, Paris 1878—1894, 2me éd., t. IV, 94.

[5]) Ausgabe, *Introd.* p. XXXII—LII.

[6]) *Die altfranzösische Wilhelmsage*, Halle 1896, S. 16.

[7]) *L'élément historique dans le Coronement Loöis*, Gent 1896, p. 10—17.

[8]) *Romania* 25, 357 f. und 465 f

werde diese meine Anschauung im folgenden des näheren be-
gründen.

Sehen wir zunächst, welche Gründe für Jonckbloets Ansicht
von diesem selbst, sowie von den genannten Forschern beigebracht
worden sind, und ob dieselben eine ausreichend feste Stütze für
jene These bilden.

Hier ist nun gleich zu bemerken, dass Langlois, der die
Frage am ausführlichsten erörtet hat, sowie Becker und Willems
darin gefehlt haben, dass sie das *Chronicon Salernitanum*[1]) als
rein historische Quelle verwerten und ihrer Darstellung der
betreffenden geschichtlichen Vorgänge zu Grunde legen. Die
Chronik von Salerno, verfasst zu Salerno um das Jahr 978, ist
aber — wie auch Jeanroy, freilich nur nebenbei, bemerkt —
für das 9. Jahrhundert keine zuverlässige Geschichtsquelle,
sondern hat für diese wie für die ältere Zeit überhaupt in aus-
giebigem Masse die Volkssage, vielleicht direkt Lieder epischen
Inhalts benutzt; vgl. Pertz, *SS.* III, 467 und Wattenbach,
Deutschlands Geschichtsquellen in Mittelalter[5] I, 309. Da ihrem
Verfasser auch gute Quellen zu Gebote standen, so ist es gewiss
keineswegs ausgeschlossen, dass auch manches von dem, was
die Chronik an sonst nicht bezeugten Thatsachen überliefert,
wirklich historisch ist; aber es fehlt uns jedes Kriterium, um
eine Scheidung vorzunehmen, und man wird deshalb prinzipiell
— wie auch Dümmler in seiner *Geschichte des ostfränkischen
Reiches*[2], Leipzig 1887—1888, gethan — jede Darstellung der
damaligen Ereignisse ausschliesslich auf die zeitgenössischen,
von der Sage unbeeinflussten Quellen zu gründen haben.

Nun stimmt freilich die Chronik von Salerno in den wesentlichen für uns in Betracht kommenden Daten mit den letztgenannten Quellen so ziemlich überein; immerhin ist es, da es
gilt, die geschichtlichen Grundlagen unserer Chanson zu er-
mitteln, durchaus notwendig, die Darstellung beider getrennt zu
halten.

Die Chronik von Salerno berichtet über den Feldzug
Ludwigs, speziell über die Belagerung Salernos durch die
Sarazenen in den Jahren 871—872, in sehr ausführlicher Weise,
und zwar ist der Gang der Erzählung in ihr im wesentlichen
der folgende:

----

[1]) Pertz, *SS.* III, 528—532.

Kaiser Ludwig ist auf die Bitte des Adelchis und des mit ihm verbündeten Waifer (*Guaiferius*) von Salerno, sowie des Kaisers Basilius von Constantinopel nach langem Zögern endlich nach Unteritalien mit grosser Heeresmacht aufgebrochen, um die Sarazenen zu vertreiben. Nachdem der Papst ihn zu Rom gekrönt hat (die Krönung war thatsächlich schon im Jahre 850 erfolgt), zieht er nach Calabrien, besiegt dort die Sarazenen, erobert nach mehrjähriger Belagerung Bari, dessen Sultan gefangen genommen wird, und entreisst ganz Apulien und Calabrien den Händen der Ungläubigen. Dann verweilt er drei Jahre zu Benevent. Da seine Gemahlin sich bei den Beneventanern missliebig macht, vertreiben ihn diese aus der Stadt; er muss schwören, sich keine Bedrückungen mehr erlauben zu wollen und eilt mit all den Seinigen nach „Gallien" d. i. Oberitalien.

Als Waifer von Salerno eines Tages zum Bade geht, ruft ihn ein Sarazene Namens Arrane, der auf dem Markte sitzt, an und bittet ihn um sein Kopftuch. Waifer entspricht mit ritterlicher Freigebigkeit sofort dem Ansinnen. Der Sarazene kehrt nach Afrika zurück und sieht dort, wie eine grosse Flotte ausgerüstet wird, die für Italien bestimmt ist und Salerno erobern soll. Von Dankbarkeit gegen Waifer erfüllt, lässt er diesem, was er gesehen, durch einen Amalfitaner Namens Flurus melden: er möge ja alles thun, um seine Stadt in Verteidigungszustand zu setzen, denn ein schwerer Kampf stehe ihm bevor. Waifer, erschrocken, befestigt die Stadt und erbaut vor allem genau nach Angabe jenes Sarazenen eine Reihe von Türmen.

Bald darauf lässt Gott, um die Beneventaner für ihren an Ludwig begangenen Frevel zu strafen, die Sarazenen unter einem Feldherrn Namens Abdila in Calabrien einfallen; sie erobern einige Städte im Lande und schliessen dann Waifer in Salerno ein. Neapel, Benevent und Capua werden verwüstet. Salerno wird heftig bestürmt, Waifer aber als tapferer Mann setzt sich energisch zur Wehr. In offener Feldschlacht zwar wagt er den Feinden nicht entgegenzutreten, aber durch kleinere Streifcorps hält er sie bald hier bald dort in Atem. Als Abdila in einer Kirche eine tempelschänderische Handlung vornehmen will, wird er durch einen herabstürzenden Balken getötet; an seiner Stelle wählen die Sarazenen einen gewissen Abemelec zu ihrem Anführer. Ein vornehmer Sarazene fordert eines Tages einen Salernitaner Namens Petrus zum Zweikampf heraus und

wird von ihm vor der Kirche der Märtyrer Cosmas und Damian
getötet. Vier riesenhafte Brüder, die Söhne Helims, setzen
den Salernitanern besonders heftig zu; einer von ihnen bietet
sich ihnen täglich zum Zweikampf an. Ein gewisser Landemar
leistet der Herausforderung Folge; mit seinem Wurfspiesse
durchbohrt er den Heiden, der bald darauf seiner Verletzung
erliegt.

Inzwischen beginnen die Belagerten Hunger zu leiden; die
Gemahlin Waifers selbst trägt den Verteidigern auf den Mauern
Speisen zu. Die Not aber ist beständig im Wachsen, schon sehen
die Salernitaner den Moment vor Augen, wo sie sich den Un-
gläubigen werden übergeben müssen. Da eilt Bischof Landulf
von Capua zu Ludwig nach Pavia, um seinen Beistand anzurufen.
Und seine dringenden Bitten sind nicht vergeblich, der Kaiser
zieht mit einem Heere nach Campanien, er sendet seinen Neffen
Cuntart (d. i. *Gunthart*) auf dessen flehentliche Bitten den
Sarazenen entgegen, die bei Capua aufs Haupt geschlagen werden.
Sodann werden die beiden Grafen Ardignus und Remedius nach
Benevent geschickt, wo sie bei einem Orte Namens Mamma den
Feinden eine Niederlage beibringen. Um zu verhindern, dass schon
bei ihrem Nahen die Sarazenen die Flucht ergreifen, bedienen die
Christen sich einer Kriegslist: sie nehmen Zweige in die Hand
und rücken so dicht gedrängt vor. Als die Agarener das sehen,
wissen sie nicht, was sie davon denken sollen und sagen: „Ein
Berg kommt auf uns zu". Sobald die Christen nahe genug sind,
werfen sie die Zweige weg und greifen zu den Waffen, die
Sarazenen werden nach tapferem Widerstande niedergemacht
oder in die Flucht geschlagen. Sie geben nun die Belagerung
von Salerno auf und entfliehen übers Meer nach Calabrien.
Ludwig kehrt, nachdem er einen vergeblichen Versuch gemacht,
sich Benevents zu bemächtigen, in seine „Heimat" zurück, wo
er bald darauf stirbt.

Diese ganze Erzählung trägt stark romanhaftes Gepräge
und steht im einzelnen mehrfach mit den zeitgenössischen Berichten im Widerspruch. Was die letzteren über die Belagerung
Salernos und die mit ihr zusammenhängenden Ereignisse melden,
habe ich in den Hauptzügen dargelegt in meiner Abhandlung
„*Das Epos von Isembard und Gormund*, Halle 1896", S. 129 ff.;
ich bin genötigt, es hier zu wiederholen, um ein Urteil darüber

zu ermöglichen, inwieweit die Darstellung der Chronik von
Salerno mit der beglaubigten Geschichte im Einklang steht.

Im Jahre 866, als die Sarazenenplage in Unteritalien aufs
höchste gestiegen war, trat Kaiser Ludwig II. (zu Rom gekrönt
850), der Sohn Kaiser Lothars und Enkel Ludwigs des Frommen,
an der Spitze der gesamten zu den Fahnen einberufenen waffen-
fähigen Mannschaft des Landes auf Bitten der Langobarden,[1])
namentlich der Beneventaner und Capuaner, die Heerfahrt nach
dem Süden an. Er zog über Ravenna, Pescara nach dem Fuciner
See, von da durch das Gebiet von Benevent über Montecassino
gegen Capua, das belagert und nach einigen Tagen erobert und
zerstört wurde. Er wandte sich dann nach Salerno, wo ihn
Herzog Waifar (seit 861 an der Regierung) empfing und sich
ihm förmlich unterwarf. In den folgenden Jahren bekämpfte er
dann die Sarazenen mit entscheidendem Erfolge und eroberte
871 nach 4-jähriger Belagerung Bari, ihren Hauptstützpunkt.
Der Sultan, Mufareg-ibn-Salem, der solange der Schrecken des
Landes gewesen, sowie die sarazenische Besatzung wurden in
die Gefangenschaft abgeführt. Es ging dann ein Heer ab, um
Tarent zu belagern, die Sarazenen aus Calabrien zu vertreiben
und ihnen Sicilien zu entreissen. Der Kaiser selbst begab sich
nach Benevent; hier nun entstand, vermutlich infolge schroffer
Behandlung der Einwohner durch die kaiserlichen Truppen,[2]) am
13. August 871 ein Volkstumult, in dem Ludwig, nach dreitägiger
Verteidigung in einem Turme, gefangen genommen wurde; man
plünderte seinen Schatz und vertrieb die dislocierten Truppen.
Erst am 17. September wurde der Kaiser auf Bitten des Bischofs
Aio von Benevent wieder in Freiheit gesetzt. Eben damals nun
landeten die Sarazenen bei Salerno ein Heer von 30000 Mann,
das die Stadt einschloss und die Umgegend wie das Gebiet
von Neapel, Benevent und Capua verheerte. Der Kaiser begab
sich zunächst über Spoleto, von wo aus er vergeblich zwei
aufständische Grafen, Lambert von Spoleto und einen andern

---

[1]) „Langobardi vero dum nimia suis pro factis pericula sustinerent, ob
hoc nimirum afflicti necessitatemque compulsi, Franciam legatos dirigunt
atque gloriosi imperatoris Hludowici implorant augusti clementiam, ut patria
sua eum gente veniens, eos omnino a Saracenis jamtocius eriperet." Chron.
S. Bened. c. 2 bei Waitz, SS. Rer. Lang. S. 469.

[2]) „Cooperunt Galli graviter Beneventanos persequi ac crudeliter vexare."
Erchempert c. 34, bei Waitz, SS. Rer. Lang. S. 247.

Lambert, verfolgte, nach Ravenna. Während er bereits wieder
auf dem Rückwege nach Rom begriffen war, kam ihm zu Farfa
im Sabinerland Bischof Athanasius von Neapel entgegen, um
seinen Beistand für das belagerte Salerno zu erbitten; Ludwig
begab sich vorläufig mit ihm nach Rom, wo er im Mai 872
eintraf und am 18. d. M. durch Papst Hadrian nach feierlicher
Messe neu gekrönt wurde.[1]) Da der Papst seine Bitten mit
denen des Athanasius vereinigte, entschloss sich der Kaiser nunmehr, Salerno Hilfe zu bringen und rückte selbst gegen Süden
vor. Auf Veranlassung Bischof Landulfs von Capua entsandte er
ein Heer unter dem Befehl der Grafen Hunroch, Agefrid und
Boso, das die Sarazenen bei S. Martino in der Nähe Capuas am
Volturno besiegte.[2]) Zur gleichen Zeit wurden die Sarazenen in
zwei weiteren Treffen geschlagen: von den Beneventanern unter
Führung des Adelchis an einem nicht näher bezeichneten Orte
und von den Capuanern bei Sessola. Nun sahen sie sich genötigt,
die Belagerung von Salerno aufzugeben. Vorher noch hatte, so
hören wir, Herzog Waifar vergeblich den Kaiser durch seinen
Verwandten Petrus und seinen Sohn Waimar um Hilfe bitten
lassen; beide waren auf den Rat des Bischofs Landulf gefangen
gesetzt und nach „Langobardien" abgeführt worden.

Nach ruhmvoll beendetem Feldzuge begab Ludwig sich
nach Capua, verweilte hier ein Jahr und kehrte Ende 873 nach
Oberitalien zurück, wo er am 12. August 875 starb.

Dies ist es, was süditalische Sage vom Ende des 10. Jhs.
einerseits und was die zuverlässigen Berichte von Zeitgenossen
andererseits über jene Ereignisse melden, welche nach der
herrschenden Anschauung die geschichtliche Grundlage der
zweiten Branche des *Couronnement de Louis* bilden.

---

[1]) Der Kaiser hatte den Beneventanern vor seiner Freilassung schwören
müssen, dass er für die ihm angethane Unbill keine Rache nehmen und
niemals mit Heeresmacht das beneventanische Gebiet betreten wolle. Von
diesem Eide hatte der Papst Ludwig gelöst. Die Krönung ist aufzufassen
als Rehabilitation nach der Lösung vom Eid, vgl. Böhmer-Mühlbacher,
Regesta Imperii I, Innsbruck 1889, n. 1218 d.
[2]) *Andreae Bergom. Hist.* c. 15, Waitz, *SS.* S. 228. Obgleich Andreas
dieses Treffen vor Ludwigs Gefangennahme setzt, so scheint es doch so gut
wie gewiss, dass er das gleiche Ereignis meint wie *Erchempert* c. 35, ib. S. 248:
„*misso exercitu iam dictus augustus per sugestionem Landulfi praesulis . . .
perdidit ex prophanis in Capua ferme novem milia viros*".

Die Uebereinstimmungen zwischen Chanson und Geschichte — welch letztere er, wie gesagt, in der Chronik von Salerno niedergelegt glaubt — hat zuerst Langlois a. a. O. S. XXXIX ff. im einzelnen nachzuweisen sich bemüht. Er sagt:

„*Dans le Coronement Looïs nous voyons un Guaifier, roi de Capoue, fait prisonnier avec sa famille et ses sujets par les Sarrasins et délivré par les Francs; dans la chronique nous trouvons un Guaifier, souverain de Salerne, réduit à la dernière extrémité, presque fait prisonnier avec sa famille et ses sujets par les Sarrasins et délivré par les Francs. Dans les deux récits les infidèles, après leur défaite, quittent l'Italie. Ce sont là les faits principaux, ceux qui forment le fonds du récit, et ils sont identiques de part et d'autre*“.

Aber auch die sehr weitgehenden Unterschiede hat schon Langlois hervorgehoben und zu erklären versucht:

In der Geschichte spielt sich der Kampf ab unter den Mauern von Salerno, in der Chanson dicht bei Rom;

der Chronik zufolge werden die Sarazenen in einer Feldschlacht besiegt, in der Chanson im Zweikampf;

dort wird der Name des sarazenischen Kämpfers nicht genannt, wir erfahren nur, dass es, wie Corsolt, ein sich herausfordernd gebärdender Riese war, der, wie dieser in der Chanson, von dem Christen getötet wird. Der Kämpe der Christen hingegen heisst in der Chronik Petrus, in der Dichtung Wilhelm.

Die Verlegung des Schauplatzes von Salerno nach Rom zunächst erklärt sich nun nach Langlois einfach durch die Thatsache, dass es den Spielleuten um geographische Genauigkeit nicht zu thun war: „*Pour eux le siège du pape était un centre, où venaient se grouper tous les événements qui se passaient au-delà de Montjeu. Le fait avait lieu en Italie, donc ce pouvait être près de Rome*“. Ueberdies erkenne man noch, dass ursprünglich der Schauplatz nicht in unmittelbarer Nähe von Rom gedacht war, denn bei Wilhelms Ankunft sei von den Sarazenen noch keine Rede, niemand denke an sie, bis zwei Boten die Nachricht von ihrer Landung bei Capua brächten. Auf die räumliche Entfernung der beiden Städte aber werde im Gedichte keine Rücksicht genommen. Rom und Capua würden nahezu vermengt, was sich durch die Annahme erkläre, der Kampf habe in der ursprünglichen Redaktion vor Capua stattgefunden

und sei erst nachträglich, infolge der Einführung des Papstes,
vor Rom verlegt worden.

Wenn sodann der Chronik zufolge die Sarazenen in einer
Feldschlacht besiegt würden, nach der Chanson hingegen in einem
Zweikampf, so sei dieser Unterschied ohne Bedeutung und lasse
sich überdies im Notfalle auch durch die Geschichte (d. h. die
Darstellung der Chronik) erklären; denn in die Schilderung der
Belagerung seien mehrere Einzelkämpfe eingewoben und der
Chronist erzähle zwei davon mit ziemlicher Ausführlichkeit. Doch
liege es näher, den Zweikampf zwischen Corsolt und Wilhelm
als eine nachträglich der geschichtlichen Thatsache der Be-
freiung Guaifiers hinzugefügte Episode zu betrachten.

Die sonstigen Abweichungen müsse man auf Rechnung der
unvermeidlichen Veränderung setzen, welche die Geschichte durch
die Sage zu erfahren pflege.

Was Wilhelm von Orange betrifft, so sei dieser jedenfalls
ursprünglich in dem Liede nicht aufgetreten, sondern erst nachträglich eingeführt worden, vielleicht infolge der cyklischen Tendenz, welche die Epen in drei Gesten gliederte, die Königsepen,
die Epen von Garin von Monglane und die von Doon von Mayence,
sei es infolge irgend eines anderen Umstandes. Langlois wirft
dann die Frage auf, wer ursprünglich Wilhelms Stelle in dem
Liede eingenommen habe und er glaubt, seinen Vorläufer zu
erkennen in jenem Cuntart, der nach der Chronik von Salerno
die Sarazenen bei Capua besiegte und der in einer Handschriften-
familie in der dritten Branche des *Couronnement* V. 1619 genannt werde:

„*Dans la 3ᵉ partie du Coronement Looïs, au vers 1619, le
nom de Guarin de Rome, donné par les familles de manuscrits
B et C, est remplacé dans la famille A par Gontier de Rome.*[1])
*Dans les manuscrits, les noms propres sont souvent abrégés et
un copiste, dont l'esprit était rempli des noms de Guarin de
Montglane et de Guarin le Loherain, résolvait tout naturellement
l'abréviation G. de Rome en Guarin de Rome. Pour lire Gontier*

---

[1]) Die betreffende Stelle lautet (Worte Wilhelms an einen Knappen):

V. 1618 „*Va, si me di dan Gualtier de Tudele,*
      Guarin (A: Gontier) de Rome en diras la novele,
      Qu'encontre mei sont les portes overtes;
      Qui ruelt aveir guaaignier et conquerre,
      Si viegne tost, n'i ait noise ne feste“.

de Rome, il fallait ou que ce nom fût écrit en toutes lettres ou que le copiste connût un personnage héroïque du même nom [L. entscheidet sich offenbar für den letzteren Fall, da die Familien B und C nach ihm von einander unabhängig sind, also im Original Garin gestanden haben muss, welches er denn auch in den Text aufnimmt]. *Or, ce personnage est évidemment ce neveu de l'empereur Louis, Gontier, qui délivra Gaifier assiégé par les infidèles, et trouva la mort, à l'âge de quinze ans, dans les bras de la victoire.*[1]) *C'est le même événement historique qui fait entrer l'oncle et le neveu dans la poésie. Lorsque plus tard les remanieurs identifièrent avec Louis, fils de Charlemagne, tous les rois ou empereurs du même nom, lorsqu'ils firent de Guillaume le défenseur nécessaire de Louis le Débonnaire, Gontier subit une transformation parallèle à celle de son souverain Louis II, et quand celui-ci céda la place à Louis, fils de Charles, lui-même fut absorbé par Guillaume.*"

Demgemäss denkt sich nun Langlois die Entwickelung unserer Branche folgendermassen:

Es existierte ein Lied, welches erzählte, wie Gontier, an der Spitze von Ludwigs II. Truppen, Gaifier, der von den Sarazenen in Salerno belagert wird, befreit. In dieses Lied wurde die Person des Papstes eingeführt, was die Verlegung des Schauplatzes nach Rom zur Folge hatte. Indem man Ludwig II. mit Ludwig dem Frommen identificierte, ersetzte man Gontier durch Wilhelm. An Stelle der Feldschlacht, in der Gontier die Sarazenen besiegte, trat ein Zweikampf zwischen Wilhelm und Corsolt, der unter den Namen Corsubles, Corsables, Corsabrin auch in anderen Chansons de geste auftritt.

Soviel über die Ausführungen Langlois'. Willems in seiner oben citierten Abhandlung stimmt ihnen rückhaltlos bei. Neu ist bei ihm nur der Hinweis auf die Thatsache, dass Kaiser Ludwig II. von Italien ebenso wie Ludwig der Fromme einem

---

[1]) Langlois hat die Chronik von Salerno in der Ausgabe von Muratori, *Script. Rer. It.* II, 2, S. 261 benutzt, wo der Neffe des Kaisers *Gontar* heisst, während die älteste (vatikanische) Handschrift — die Quelle der übrigen —, welche Pertz, *SS.* III, 467 zum Abdruck bringt, die Namensform *Cuntart* bietet. Indessen ändert das an obigen Ausführungen nichts. Die Namen *Gontar* d. i. *Gunt-hari* und *Cuntart* d. i. *Gunt-hart* können im vorliegenden Falle ohne weiteres als identisch betrachtet werden, wie ich des näheren gezeigt habe in meiner im Druck befindlichen Abhandlung: „*Neues zu Isembard und Gormund*", *Zeitschr. f. rom. Phil.* 23.

Karl in der Regierung folgte, nämlich in der Regierung der
Provence (seinem Bruder Karl), wodurch sich nach Willems die
Vermengung der beiden Ludwige in der Sage erklärt:

„*On voit clairement comment la confusion a pu se produire :
en 863, comme en 814, il y eut un empereur Louis — le Débonnaire
avait été couronné comme tel à Aix — succédant à un Charles.
L'empereur Louis II se trouvait réellement en Italie, comme notre
Coronement l'indique, lorsque s'ouvrit la succession de son frère
Charles. Ce n'était point le cas de Louis le Débonnaire, qui se
trouvait en Aquitaine, lorsque mourut son père Charlemagne.
Toutefois le Coronement a interverti l'ordre chronologique
des faits : Guillaume vient d'abord délivrer Gaifier d'Espolite,
assiégé par les Sarrasins dans Capoue, et apprend ensuite la
mort de Charlemagne. Dans l'histoire, Louis II succéda a Charles
en 863, et le siège de Salerne n'eut lieu que dix ans après, en 873.*"
Jeanroy a. a. O., *Romania* 25, 358, und in seiner Anzeige
von Willems' Schrift, ebenda S. 465, stimmt diesem und Langlois
vollkommen bei, nur lehnt er — mit Recht — des Letzteren
Vermutung, Wilhelm sei an die Stelle Cuntarts getreten, entschieden ab: „*il n'y a presque rien de commun entre le personnage
historique et le héros légendaire : ce Cuntart était un enfant :
Guillaume est considéré par l'auteur comme étant dans la force
de l'âge; Cuntart mourut dans sa victoire : Guillaume fut à peine
blessé. Enfin si Guillaume avait remplacé Cuntart, le rôle de
celui-ci n'eût pas subsisté*".[1]
Becker endlich a. a. O. reproduciert kurz und mehr im
Vorbeigehen die Anschauung Jonckbloets und Langlois', ohne
sich mit den Einzelheiten näher zu befassen.

---

[1] Jeanroy meint (a. a. O. S. 359), die Geschichte von der Belagerung
Salernos werde nach Frankreich gebracht haben „*quelque pèlerin de Rome*".
Ich weiss nicht, warum man beständig diese wackeren Pilger als Staffetten
und Kolporteure der Sagen- und Epen-Stoffe von Nation zu Nation auf-
marschiren lässt. Wir bedürfen ihrer doch wahrlich nicht. In den grossen
Kriegen der damaligen Zeit wurden die abendländischen Nationen unaufhörlich
durcheinander gerüttelt; die gleichen Heere standen bald gegen die Sarazenen im Süden, bald gegen die Normannen im Norden im Felde. In ihnen
werden wir die Vermittler der Epenstoffe zu erblicken haben, deren *pars
magna* sie selbst waren, nicht in den Pilgern, die doch zunächst andere
Gedanken im Kopfe hatten als Krieg und Kriegsgeschrei. Im vorliegenden
Falle bewirkten die Ueberführung sicher die zahlreichen Franzosen in Ludwigs
Heere, das ja vielfach geradezu als das Heer der „*Galli*" bezeichnet wird.

Somit besteht also, wie gesagt, unter den Forschern volle Uebereinstimmung hinsichtlich der geschichtlichen Grundlagen unserer Branche und nur darüber machen sich Meinungsverschiedenheiten geltend, welches der Anlass war, dass das ursprünglich selbständige Lied unserer Chanson, dem *Couronnement*, eingegliedert wurde.

Ich stimme nun meinesteils der herrschenden Anschauung insoweit vollkommen bei, als auch ich annehme, dass von jenen geschichtlichen Ereignissen, welche oben ausführlicher dargelegt wurden, in unserer Chanson ein Widerschein vorhanden ist; dafür scheint mir entschieden der Name *Gaifier = Waifarius* zu sprechen, insofern die Geschichte von einem anderen italienischen Fürsten dieses Namens, der mit den Sarazenen im Kampfe gelegen hätte, nichts weiss. Darauf freilich, dass auch die Chronik von Salerno von Zweikämpfen zwischen Christen und Sarazenen meldet, möchte ich kein Gewicht legen; denn diese Zweikämpfe tragen rein episodischen Charakter, sind für den Verlauf der Ereignisse völlig irrelevant und können folglich die Vorbilder für den Zweikampf zwischen Wilhelm und Corsolt nicht gewesen sein. Dagegen erblicke ich eine weitere Stütze für die fragliche Ansicht in der bisher noch nicht beachteten oder doch nicht hervorgehobenen Thatsache, dass genau die gleichen geschichtlichen Ereignisse den historischen Hintergrund bilden in zwei anderen französischen Chansons de geste, von denen die eine freilich nur fragmentarisch, die andere nur in deutscher Uebersetzung auf uns gekommen ist: nämlich in dem Liede von *Isembard und Gormund* und in einer Chanson, deren Kenntnis uns, soweit ich sehe, nur durch den mittelniederdeutschen Prosaroman von *Loher und Maller* vermittelt wird, denselben Roman, der uns ja auch über den Inhalt der Chanson von Isembard und Gormund so wichtige Aufschlüsse erteilt. Was Isembard und Gormund betrifft, so habe ich in meiner schon oben citierten Schrift gezeigt, dass diese Dichtung neben mancherlei anderen geschichtlichen Ereignissen auch den grossen Feldzug Kaiser Ludwigs II. gegen die Sarazenen widerspiegelt, in dem die Belagerung Salernos eine Episode bildet.[1]) Im Loher und Maller sodann erhalten wir

---

[1]) Bezüglich der Einwände Beckers, *Zeitschr. f. rom. Phil.* 20 (1896), 549 und F. Lots, *Gormond et Isembard, recherches sur les fondements historiques de cette épopée, Romania* 27 (1898), 1 verweise ich auf meine im Druck befindliche, oben S. 13, Anm. 1 citierte Abhandlung. Was Lauer,

im zweiten Teil die Uebertragung einer Prosaauflösung einer
französischen Chanson de geste, in der ganz augenscheinlich
genau die gleichen geschichtlichen Ereignisse verarbeitet sind.
Es scheint mir nicht überflüssig, die fragliche Episode, auf die
meines Wissens noch Niemand aufmerksam gemacht hat, hier *in
extenso* mitzuteilen.

Im ersten Teil und im ersten Abschnitt des zweiten Teils
des Loher und Maller[1]) wird bekanntlich erzählt, wie Loher, d. i.
Lothar, der Sohn Karls des Grossen, aus Frankreich verbannt,
mit seinem Freunde Maller, d. i. Mallart, nach Konstantinopel
gelangt und nach allen möglichen Abenteuern zum Kaiser von
Konstantinopel gekrönt und mit Zormerin, des alten Kaisers
Tochter, vermählt wird. Es heisst dann S. 113:

Wie ein Bote des Papstes kam.

Während Loher noch beim Hochzeitsmahle sitzt, erscheint
ein Bote des Papstes und kniet vor ihm nieder: „Bonifacius,
unser geistlicher Vater, entbietet Euch, dass Ihr ihm zu Hilfe
kommt: 14 heidnische Könige halten Rom belagert, darunter der
Sultan von Babylonien und der König von Mohrenland, dessen
Volk ganz schwarz ist: es gleicht den höllischen Teufeln. Sie
haben wohl 30 000 Gewappneter; der schwarzen Teufel sind so
viel, sie nehmen das ganze Land ein und verderben alles römische
Land. Darum bittet Euch unser geistlicher Vater, ihm nicht in
den grossen Nöthen zu lassen, denn es betrifft die ganze Christen-
heit, und wer ihm zu Hilfe kommt, der verdient soviel Ablass,
dass die Gnade unsäglich ist, die der Papst dazu giebt". „Lieber
Bote", sprach Loher, „hat der Papst nicht auch zu meinem lieben
Bruder nach Frankreich geschickt?" „Herr", sprach der Bote,
„ich glaube, dass er auch zu ihm geschickt hat; aber ich kann
Euch nicht für wahr sagen, ob er kommt oder nicht, denn man
spricht gemeiniglich, er lasse sich durch Verräter leiten und glaube
alles, was sie ihm sagen". Loher verspricht nun seinen Beistand
und giebt dem Boten Briefe an den Papst mit. Maller erklärt,
Loher begleiten zu wollen. Dieser sammelt seinen Heerbann und
fährt bei gutem Winde hinüber nach Italien. „So kamen sie

Louis IV d'Outremer et le fragment d'Isembart et Gormont, Romania 26
(1897), 161 neues beibringt, steht meinen Aufstellungen in keiner Weise im
Wege, wie Lauer selbst ausdrücklich bemerkt.

[1]) *Loher und Maller, Ritterroman,* erneuert von K. Simrock, Stutt-
gart 1868.

ins römische Land und ritten fürbass gen Rom. Da kamen Loher und König Ludwig vor Rom zusammen in den Kampf wider die Heiden und wusste doch keiner recht von dem andern".

Wie sie gen Rom kommen, sehen sie Christen und Heiden sich kampfbereit gegenüber stehen. Sie vernehmen bei den Christen den Ruf *Montjoie* und schliessen daraus, dass es König Ludwig mit den Franzosen ist und denen von Burgund. Die Franzosen fangen nun an, mit den Heiden zu streiten. Zu ihrem obersten Marschall hat Ludwig „Imera den unseligen" (offenbar = *Aïmer le chétif*), seinen Schwager, der Königin rechten Bruder, gemacht, der allen voran wacker drein schlägt. „Doch sagt uns die Historie, die Franzosen hätten eine Niederlage erlitten, wenn Loher und Maller nicht gewesen wären, die den Heiden in den Rücken fielen." Loher kommt seinem Bruder, den er am Wappen erkennt und dem das Pferd unterm Leibe getötet ist, zu Hilfe und haut ihn aus dem Getümmel heraus. Er giebt sich ihm dann zu erkennen, worauf Ludwig Loher um Verzeihung bittet wegen alles dessen, was er gegen ihn gethan. „Von dieser Bitte ward Lohers Herz bewegt, dass er sprach: „Bruder, ich verzeihe Euch, was Ihr wider mich gethan habt, wiewohl wir unser väterlich Erbe sehr ungleich geteilt haben. Ihr habt Frankreich und dazu das Kaisertum von Rom: deshalb will ich mit Euch vor den Papst zu Rom und was der darüber entscheidet, daran soll mir genügen". „Darin will ich Euch gerne folgen", sprach Ludwig. Der Kampf nimmt dann seinen Fortgang. Maller sucht Loher, kann ihn aber nicht finden; er sieht unter den Heiden viele Riesen. Einen riesenhaften heidnischen König, der einen eisernen Kolben in der Hand trägt, fordert er zum Streit heraus, kann ihm jedoch nichts anhaben. Der Riese ergreift Maller, legt ihn vor sich auf den Sattel und führt ihn so mit sich nach seinem Zelt, um ihn zum Abend zu verspeisen. Maller aber zieht heimlich sein kleines Brotmesser heraus und sticht den Riesen durch den Rücken (*sic*) ins Herz, so dass er tot vom Pferde fällt. Dann ergreift er den Kolben des Riesen und eilt wieder in den Streit. Er wäre aber mit seinen Leuten überwunden worden, wenn Imera ihm nicht mit 20000 Christen zu Hilfe gekommen wäre. Letzterer erkennt in Maller seinen Neffen, den Sohn seines Bruders, Königs Galien von Monzion.

Während des ganzen Streites steht der Papst auf den Mauern und betet für die Christen. Als es Nacht wird, bricht

man die Schlacht ab und schliesst mit den Heiden zur Bestattung
der Toten einen 14-tägigen Waffenstillstand. Die Christen reiten
nach Rom, der Papst kommt ihnen entgegen, segnet sie und
heisst Ludwig sowohl als Loher willkommen. Er führt sie in
seinen Palast und bewirtet sie. Die Heiden sind betrübt, denn
sie haben 15000 Mann verloren, aber auch von den Christen
liegt die gleiche Anzahl erschlagen.

Nachdem der Waffenstillstand abgelaufen ist, celebriert der
Papst die Messe und die Christen reiten aus Rom hinaus, um
den Streit fortzusetzen; Maller trägt das Banner. Der Sultan
will ihn mit der Axt aufs Haupt schlagen, aber der Streich geht
fehl und dem Pferde auf den Hals, sodass Maller mit dem Pferde
niederfällt. Er springt wieder auf die Füsse, Ludwig und Imera
kommen ihm zu Hilfe, der Sultan aber findet seinerseits den
Beistand von 60000 Heiden. Maller wehrt sich tapfer, obgleich
er aus mehr denn 15 Wunden blutet; er trifft den Sultan auf
den rechten Schenkel, den er ihm beinahe abhaut, der Sultan
stürzt vom Pferde und wird von den Heiden ins Zelt getragen.
Trotzdem wäre Maller unterlegen, wenn ihm nicht Loher zu
Hilfe geeilt wäre, der ihn gen Rom führt. Inzwischen schlägt
Imera auf den Sultan Markeser, dass er ihm eine Achsel abhaut;
auch Ludwig tötet einen heidnischen König. Schliesslich schlägt
Loher das Banner der Heiden nieder, die sich nun alle zur Flucht
wenden; nur wenige von ihnen entkommen.

„Als die Heiden erschlagen waren, da ritten die Christen
fröhlich wieder gen Rom. Der Papst ging ihnen entgegen und
empfing sie freundlich. Er gab ihnen den heiligen Segen und
liess die Toten an geweihter Statt begraben. Der Heiden Körper
wurden von Wölfen, Hunden und mancherlei wilden Tieren
gefressen. Die Christen blieben zu Rom bei dem Papst wohl
vierzehn Tage" (S. 120).

Damit schliesst die Episode. Nun ist zunächst zu kon-
statieren, dass Loher, der hier als Sohn Kaiser Karls von Frankreich bezeichnet wird, unzweifelhaft identisch ist mit König
Lothar II. von Lothringen († 869), dem Sohne Kaiser
Lothars I. und Enkel Ludwigs des Frommen. Loher erscheint
nämlich in dem Roman als ein regelrechter Don Juan, der
um seines leichtfertigen Lebenswandels willen von seinem
Vater auf sieben Jahre aus Frankreich verbannt wird: Loher,

heisst [1]) es, habe den Frauen so zu gefallen gewusst, dass es die
Ritterschaft verdross. „Darum ging die Ritterschaft all vor
Ludwig, der auch König Karls Sohn war, und klagten ihm über
Loher. Sie sprachen: „Herr Loher, Euer Bruder, geht zu den
Frauen und berühmt sich sehr viel: das können wir ihm nicht
wehren. Er lässt nicht ab, wenn Ihr nicht dazu helft, dass er
verbannt wird aus dem Lande: darüber wird er vielleicht der
Scherze vergessen und in rechtem Verständnis Gutes und Böses
erkennen“. Ludwig legt dann die Sache seinem Vater vor, der
dem Wunsche der Ritterschaft entspricht und Loher des Landes
verweist. Später, als Loher auf den Vorschlag des Papstes mit
Ludwigs Zustimmung zum Kaiser von Rom ernannt worden ist,
bereden „die Verräter“ Ludwig, seinen Bruder entmannen zu
lassen, damit er keine Leibeserben gewinne und die Krone von
Rom wieder an Frankreich falle: „denn sie hätten Lohern
gerne Leid gethan, weil er auch ihnen Schmach gethan hatte
an ihren Weibern und Töchtern“. Es gelingt ihnen schliesslich,
Ludwig, der erst widerstrebt, für ihren Plan zu gewinnen, so
dass dieser Loher einen freundlichen Brief schreibt und ihn
nach Frankreich einlädt. Loher leistet Folge und wird nun
von den Verrätern in eine Kammer gelockt unter der Vor-
spiegelung, er werde dort zehn oder zwölf gar schöne Frauen
finden, mit denen er trinken solle. „Dieser Rede war Loher
froh, denn er hatte solches mehr geübt.“ Sobald er in der Falle
ist, führen sie ihr Vorhaben aus.[2])

Nun spielt bekanntlich gerade im Leben Lothars II. ein
Liebeshandel eine grosse Rolle: sein Liebeshandel mit der Kon-
kubine Waldrada, derentwegen er im Jahre 857 seine Gattin
Theutberga verstiess.[3]) Die Angelegenheit, die ungeheures Aufsehen erregte, bewirkte, dass Lothar den Zeitgenossen als ein
zu sinnlichen Ausschweifungen geneigter Mensch erschien; in
einem päpstlichen Rundschreiben heisst es von ihm: „wenn der
noch in Wahrheit König genannt werden kann, der seine sinnlichen Gelüste nicht zügelt“,[4]) und Prudentius in seinen Annalen

---

[1]) *Loher u. Maller* S. 1.
[2]) Ib. S. 123 ff.
[3]) Vgl. darüber besonders Dümmler, *Gesch. d. ostfränk. Reiches* II², 3 ff.;
Mühlbacher, *Reg. Imp.* I, S. 477 ff., sowie den Artikel *Lothar II.* von Mühlbacher in der *Allgemeinen deutschen Biographie* B. 19 (1884).
[4]) Mühlbacher, *Reg. Imp.* n. 1267 b.

bemerkt, die Söhne Lothars I. überhaupt seien, wie dieser selbst,
der Libertinage ergeben gewesen.[1]) Auf der seines Ehehandels
wegen einberufenen Synode von Aachen, 29. April 862, zeiht
Lothar II. selbst sich der Unenthaltsamkeit: „*porro se inconti-
nentem esse professus est et sine conjugali copula juvenilis aetatis
ardorem ferre non posse asseruit*“.[2])

Es liegt auf der Hand, dass von dem Lothar der Geschichte
zu dem unseres Romans nur ein Schritt ist: beiden gemein ist
der Hang zur Ausschweifung, der sich nur in verschiedener Weise
äussert: dort durch eine das ganze Leben beherrschende ehe-
brecherische Leidenschaft, hier durch die Neigung zu allerhand
galanten Abenteuern.

Die Identität Lohers mit Lothar II. von Lothringen also
vorausgesetzt, kann es nicht zweifelhaft sein, dass der geschichtliche Hintergrund der analysierten Episode des Loher und Maller
eben die Sarazenenkriege Ludwigs II. in den Jahren 866—872
bilden. Denn ein einziger fränkischer König Namens Ludwig
hat in Italien gegen die Araber gekämpft und das war eben
Ludwig II.; derselbe war Kaiser von Rom, wie der Ludwig
unseres Romans (vgl. S. 17), und wurde, wie dieser, thatsächlich
von seinem Bruder Lothar II. unterstützt. Regino in seinem
Chronicon (beendigt 907) berichtet zum Jahre 867 (= 866),[3])
Ludwig habe eine Gesandtschaft mit der Bitte um Unterstützung an seinen Bruder Lothar abgeordnet und dieser selbst
habe ihm ein Heer zugeführt, die Truppen Lothars hätten aber
nach vielen und glücklichen Kämpfen mit den Sarazenen durch
das ungewohnte Klima und durch Krankheiten ungeheuere Ver-

---

[1]) *Lotharius imperator, defuncta ante biennium Ermengarda christia-
nissima regina, duas sibi ancillas ex villa regia copulavit, ex quarum altera,
Doda vocabolo, filium genuerat, quem Karolomannum vocari iubet; aliique
filii eius similiter adulteriis inserviunt.* Pertz, SS. I, 448.

[2]) Mansi, *Concil. Collectio* 15, 612.

[3]) Pertz, SS. I, 578: „*Per idem tempus gens Sarracenorum in Benevento
ex Africa veniens, universam pene regionem illam invaserunt, caedibus, rapi-
nis ac incendiis omnia depopulantes. Contra quos Illudowicus imperator
exercitum contrahit, et veritus ne forte adversus innumerabilem hostium mul-
titudinem vires regni non sufficerent, ad Illotharium fratrem in Gallias
legatos mittit, omnino exposcens, ut ad praefatae nequissimae gentis vires
extenuandas audaciamque refrenandam sibi cum Dei auxilio, virtute quoque
Francorum, opitularetur. Qui nihil cunctatus, exercitum cum ingenti indu-
stria undequaque contrahit, fratrique quanta potuit celeritate in adiutorium*

luste erlitten. Diese Nachricht Reginos ist, was Lothars persön-
liches Erscheinen in Italien anlangt, allerdings unsicher, richtig
aber scheint zu sein, dass er ein Hilfscorps nach Unteritalien
entsandte,[1]) und gewiss ist, dass er im Jahre 869, also während
der Belagerung Baris, in Rom und dann in Benevent verweilte,
allerdings nicht, um Ludwig zu unterstützen, sondern um wegen
seines Ehehandels mit ihm zu konferieren. Ueberdies ist für
unseren Zweck das, was man glaubte, was das Gerücht sagte
— auf dem doch die Angabe Reginos fusst — offenbar ebenso
bedeutsam wie das, was wirklich geschah. — Wenn sodann Lothar
in dem Roman als Kaiser von Griechenland erscheint und von
Konstantinopel aus Ludwig zu Hilfe kommt, so dürfte sich
auch in diesem Zuge die Erinnerung an geschichtliche Vorgänge
erhalten haben. Denn in der That wurde Ludwig bei seinem
Feldzuge gegen die Sarazenen von den Griechen unterstützt: im
Jahre 869 erschien vor Bari eine griechische Flotte von 400
Schiffen, die Kaiser Basilius zu Ludwigs Unterstützung ab-
gesandt hatte,[2]) und eine ebensolche Flotte traf 870 ein.[3]) Wenn
ferner nach dem Roman Lothar durch päpstliche Gesandte um
Hilfe angegangen wird, so stimmt dazu die Angabe der Chronik
von Salerno Kap. 107,[4]) wonach Ludwig, als er sah, dass er Bari
ohne Flotte nicht einnehmen könne, eine Gesandtschaft nach
Konstantinopel abordnete und um eine Flotte bat, sowie die
Thatsache, dass, wie es scheint, 870 neuerdings Gesandte nach
Konstantinopel geschickt wurden.[5]) Wenn endlich im Roman
Loher auf seine Frage an den päpstlichen Boten, ob der Papst
nicht auch an seinen Bruder in Frankreich geschickt habe, zur
Antwort erhält: „Er (der Bote) glaube wohl, dass er das gethan,
aber er könne nicht sagen, ob mit Erfolg, denn Ludwig lasse
sich durch Verräter leiten", so liegt es nahe, in diesem Zweifel
des Boten an Ludwigs Bereitwilligkeit, Hilfe zu leisten, einen
Nachklang der gleichen Tradition zu sehen, die sich bei dem

venit. Ubi plurima bella gesta sunt, non solum fortiter, sed etiam feliciter, Deo opem ferente. Inter haec exercitus Illotharii gravi peste fatigatur ..."

[1]) Mühlbacher, *Reg. Imp.* n. 1205a und Dümmler, *Ostfr. Reich* II², 235.

[2]) Mühlbacher, *Reg.* n. 1208a.

[3]) Ib. n. 1312c.

[4]) Pertz, *SS.* III, 521.

[5]) Mühlbacher, *Reg.* n. 1212a.

byzantinischen Historiker Constantinos Porphyrogenetos, *De administrando imperio* cap. 29 [1]) findet, wonach die Beneventaner anlässlich des Sarazeneneinfalles vom Jahre 871 Ludwig vergeblich um Hilfe anriefen und sich dann an den Kaiser von Constantinopel wandten, der ihnen sofortigen Beistand zusagte. Schliesslich möchte ich nicht unterlassen, darauf hinzuweisen, dass die Ziffer, auf welche der Roman die sarazenische Streitmacht vor Rom veranschlagt, 30 000 Mann, genau stimmt zu der Zahl, welche die geschichtlichen Quellen für die Stärke des im Jahre 871 bei Salerno gelandeten Heeres angeben (eben jenes Heeres, das dann die Stadt belagerte und von Ludwig geschlagen wurde). Freilich ist auf derartige summarische Zahlenangaben viel Gewicht nicht zu legen.

Ich glaube nun, man wird im Hinblick auf die hervorgehobenen Uebereinstimmungen zwischen Geschichte und Dichtung es als ausgemacht betrachten dürfen, dass eben die Sarazenenkriege Kaiser Ludwigs II. die geschichtliche Grundlage auch der im zweiten Teile des Loher und Maller analysierten französischen Chanson de geste bilden. Diese Thatsache aber ist geeignet — und zu diesem Zwecke allein wurde sie ja hier ins Licht gestellt —, der Ansicht, wonach die gleichen Vorgänge sich in der zweiten Branche des *Couronnement de Louis* spiegeln, zur weiteren Stütze zu dienen, insofern sie nämlich zeigt, dass jene Ereignisse wirklich Gegenstand französischen Heldensanges geworden waren.[2])

Stimme ich nun soweit Jonckbloet, Langlois und Willems bei, so kann ich mich hingegen mit den beiden letzteren nicht einverstanden erklären, wenn sie annehmen, die Einreihung unserer, ursprünglich ein selbständiges Lied darstellenden Branche in das *Couronnement* sei eine Folge der Vermengung Kaiser Ludwigs II. mit Ludwig dem Frommen, ja ich begreife nicht recht, wie eine solche Ansicht überhaupt aufgestellt werden

---

[1]) Migne, *Patrol. graeca* t. 113, 258.

[2]) Wir besitzen also, soweit bis jetzt unsere Kenntnis reicht, eine fünffache sagenhafte oder poetische Spiegelung jenes gleichen historischen Ereignisses, nämlich:

1. in der Chronik von Salerno,
2. in dem oben erwähnten Bericht des Constantinos Porphyrogenetos, *De admin. imp.* cap. 29,
3. im *Isembard und Gormund*,
4. in jener Episode im zweiten Teil des *Loher und Maller*,
5. in der zweiten Branche des *Couronnement de Louis*.

konnte. Denn da in dem hypothetischen älteren Liede Ludwig II.
doch natürlich im Einklang mit der Geschichte als in Italien
weilend und als Bekämpfer der Sarazenen erschienen sein müsste,
wie ihn uns ja auch die im Loher und Maller analysierte, oben
S. 16 ff. besprochene Chanson zeigt, so wäre die notwendige
Konsequenz seiner Identifizierung mit Ludwig dem Frommen
offenbar gewesen, dass man nun diesem eine solche Heerfahrt
nach Italien angedichtet hätte. Statt dessen tritt Ludwig in
unserer Branche überhaupt nicht auf, er weilt während der
Romfahrt Wilhelms bei seinem Vater in Frankreich und ist an
den Ereignissen auch in keiner Weise beteiligt. Von Einreihung
unserer Branche in den Wilhelmscyklus infolge von Identifizierung
jener beiden Ludwige kann deshalb m. E. gar nicht die Rede sein;
diese Einreihung erklärt sich vielmehr, wie im nachstehenden
gezeigt werden wird, als Folge der Identifizierung des Helden
der Branche, Wilhelms, mit Wilhelm von Orange, mit dem er
ursprünglich nichts zu thun hatte.

Im übrigen also billige ich die herrschende Ansicht insoweit, als auch ich annehme, dass ein Wiederschein jener
unteritalischen Ereignisse in unserer Branche vorhanden ist.
Damit ist nun aber doch noch keineswegs gesagt — und
hier komme ich an den Punkt, wo sich mein Weg und der der
oben genannten Forscher, die sich neuerdings über die Frage
geäussert haben, trennt — damit ist nicht gesagt, dass jene Ereignisse wirklich die alleinige geschichtliche Grundlage unserer
Branche bilden. Durch die moderne Epenforschung ist ja mit
völliger Sicherheit festgestellt worden, dass in den epischen
Liedern vielfach ganz verschiedene historische Ereignisse, welche
durch längere Zeiträume von einander getrennt sein können, sei
es infolge von Namensgleichheit des Helden, sei es aus irgend
einem anderen Grunde, mit einander verschmolzen worden sind.
Ich glaube nun, dass eine solche Verschmelzung auch bezüglich
unserer Branche zu statuieren ist, dass in ihr Erinnerungen an
historische Vorgänge, die um ca. 150—170 Jahre jünger sind als
die Belagerung Salernos, mit der Erinnerung an diese durch
die Dichtung vermengt worden sind, sei es nun, dass ein episches
Lied auf jene Belagerung durch eine junge historische Tradition
umgestaltet wurde, sei es, dass ein solches Lied mit einem
jüngeren Liede contaminiert wurde oder doch gewisse Elemente
an dasselbe abgegeben hat.

Es ist nämlich zunächst zu beachten, dass die Darstellung unserer Chanson in einer ganzen Reihe sehr wesentlicher Punkte von der Geschichte abweicht, dass sie Momente enthält, welche in der Geschichte der Jahre 866—72 keinerlei Entsprechung finden; es sind wesentlich die folgenden:

1. Der Held der Chanson, der Besieger der Sarazenen, ist *Guillaume Fïerebrace, le marquis au court nez*; ein fränkischer Grosser dieses Namens spielt in dem Feldzuge Ludwigs weder der Geschichte noch der sagenhaften Darstellung der Chronik von Salerno oder dem zweiten Teile des Loher und Maller zufolge irgend eine Rolle.

2. Wilhelm zieht in der Chanson nach Rom als Pilger, in Begleitung von nur 60, oder, nach anderer Lesart, 40 Rittern; er will ein vor Jahren gethanes Gelübde erfüllen und hat keinerlei kriegerische Absichten. Erst in Rom erfährt er von dem Einfall der Ungläubigen und zieht ihnen nun entgegen, nicht an der Spitze eines eigenen, sondern eines römischen Heeres, das der Papst ihm zur Verfügung stellt. Ludwig hingegen, dessen Stelle Wilhelm in der Dichtung doch vertritt, rückte nach Unteritalien vor in der ausgesprochenen Absicht, die Sarazenen zu bekämpfen, und führte ein gewaltiges Heer mit sich. Die Pilgerfahrt Wilhelms hat weder in der Geschichte jener Jahre, noch in Sage und Dichtung irgendwelche Entsprechung.

3. Von Salerno ist in dem Liede so wenig die Rede, wie von der Belagerung irgend einer anderen Stadt. Waifar wird nicht belagert, sondern befindet sich mit vielen anderen Christen in der Gefangenschaft der Sarazenen, aus der ihn Wilhelm befreit.

4. Die Sarazenen werden in der Chanson besiegt infolge eines Zweikampfes Wilhelms mit dem riesenhaften König Corsolt, dessen Fall die Flucht der Heiden nach sich zieht, in der Geschichte und der sie widerspiegelnden Sage hingegen in offener Feldschlacht; die beiden Zweikämpfe zwischen Christen und Sarazenen, welche die Chronik von Salerno anlässlich der Belagerung der Stadt schildert, können, wie gesagt, nicht in Betracht kommen, da sie auf den Verlauf der Begebenheiten ohne jeden Einfluss sind.

Diese Discrepanzen zwischen Geschichte und Chanson sind, dünkt mich, derart, dass es schwer halten dürfte, sie durch spontane Entwickelung einer Sage über den Feldzug Ludwigs

und die Belagerung Salernos zu erklären. Dagegen werden sie
sofort verständlich, wenn wir annehmen, dass sich mit Erinnerungen an die ebengenannten Ereignisse solche an
die Thaten der ersten Normannen in Unteritalien, an
die Thaten Wilhelms, des Sohnes Tancreds von Hauteville, und seiner Genossen verbunden haben.

Die Ansicht, dass kein anderer als eben Wilhelm, der Sohn
Tancreds, der Held unserer Branche sei, hat bekanntlich vor
nahezu sechzig Jahren schon Paulin Paris ausgesprochen.[1]
Wilhelm von „*Hauterive*“, meint er, der berühmte Anführer
der normannischen Eroberer, habe den Beinamen *Bras de fer*,
Brachium ferri, getragen und müsse deshalb identisch sein
mit dem *Guillaume Fièrebrace* unserer Chanson. „*De cette coïn-*
cidence il faut conclure que le commencement du Couronnement
du roi Loeys a été inspiré par les bruits que l'on avait répandu
en France au temps des exploits du chevalier normand; autre-
ment, il serait difficile de trouver un lien naturel dans notre
chanson entre ce qui touche aux affaires de France et la déli-
vrance de Rome. Mais pour distribuer entre plusieurs personnages
les exploits que les jongleurs ont réunis sur une seule tête, il suffit
souvent de tenir compte des surnoms dont la mémoire ne s'est pas
perdu; ainsi Guillaume d'Orange différera de Guillaume Bras de
fer ou Fièrebrace, et ce dernier n'aura rien de commun en réalité
avec Guillaume au court nez. L'histoire de cette confusion n'est pas
difficile à deviner: tandis que les jongleurs récitaient sur Guillaume
au court nez les laisses qu'ils avaient appris des précédens âges,
d'autres jongleurs revenus d'Italie racontaient ce qu'ils avaient
peut-être vu eux-mêmes, la victoire de Guillaume Bras de fer sur
les Sarrasins de la Sicile, la délivrance de Salerne, la fuite des
Sarrasins, les dons énormes accordés au vainqueur et à ses
rares compagnons. Certes, les exploits miraculeux des enfants
de Tancrède de Hauterive étaient dignes d'inspirer de nobles
rapsodies aussi bien que, dans le siècle suivant, ceux de Godefroi
de Bouillon et de Baudouin de Sebourg. Ainsi les chansons du
vieux Guillaume d'Orange et du Bras de fer Normand marchèrent
quelque temps de front; mais la génération suivante ne manqua
pas de les confondre en une seule, et puis enfin les jongleurs
nous racontèrent, tout d'une haleine, les exploits d'Italie et

---

[1] *Les manuscrits françois*, Paris 1840, t. III, 125.

l'heureuse lutte du héros de l'Aquitaine contre les usurpateurs du trône de France."

Gegen diese Paris'sche Hypothese hat sich dann aber sehr entschieden Jonckbloet ausgesprochen und ihm haben sich Langlois, Gautier, Willems und Jeanroy angeschlossen. Jonckbloet meint,[1]) Paris' Folgerung wäre dann richtig, wenn Wilhelm in unserer Branche den Beinamen *Fièrebrace* annähme; aber das Gegenteil sei der Fall, er verliere denselben und nehme einen anderen an. Der Beiname *Fièrebrace*, den Wilhelm trage, stamme vielmehr von dem gleichnamigen Grafen von Poitiers. Jonckbloet schildert dann, vornehmlich nach Gaufredus Malaterra, *Historia Sicula*,[2]) die Schicksale Wilhelms und kommt zu dem Schlusse, dass sie mit dem Inhalt unserer Chanson keinerlei Verwandtschaft hätten: „*Or, si Guillaume de Hauteville n'a pas défendu le Pape, n'a pas combattu les Sarrasins, il va sans dire que pour cette raison encore nous hésiterons à vouloir retrouver dans cette partie de notre poème un écho de la tradition de ses hauts faits.*"

Ueberdies finde sich die Geschichte von der Befreiung Roms von den Sarazenen infolge eines Zweikampfes auch in der Chanson von Ogier, in der auch der Name des Sarazenen *Corsolt* oder *Corsubles* wiederkehre. In dieser Chanson aber habe eine Verwechselung der Namen nicht stattfinden können, folglich sei kein Grund vorhanden, die That dem Sohne Tancreds von Hauteville zuzuschreiben.

Die Argumentation Jonckbloets fand die Zustimmung Léon Gautiers,[3]) der sie unbesehen hinnimmt, wenn er bemerkt: „*M. Jonckbloet . . . a démontré clairement 'que Guillaume Bras-de-Fer n'avait jamais défendu la Papauté, et qu'en second lieu il n'avait jamais combattu les Sarrasins'. Le fils de Tancrède a perdu par là les deux traits qui le rapprochaient quelque peu de notre héros.*"

Dagegen lässt Langlois[4]) nur den letzten von Jonckbloets Einwänden gelten. Was seine Behauptung betreffe, Wilhelm verliere in unserer Branche den Beinamen *Fièrebrace*, so sei diese nicht richtig; Wilhelm führe vielmehr den Beinamen

---

[1]) *Guillaume d'Orange*, Haag 1854, t. II, 105 ff.

[2]) Muratori, *SS. Rer. It.* V, 549 ff.

[3]) *Épopées françaises* t. IV², 94.

[4]) *Introd.* S. XLVI.

Fierebrace fort neben dem des *Marquis au court nez,* ja es sei recht wohl möglich, dass er ihn hier zum ersten Male führe. Allerdings werde er *Fierebrace* genannt schon in Liedern, die als älter gälten als die uns vorliegende Fassung des *Couronnement Louis,* aber, wenn man daraus ein Argument gegen P. Paris entnehmen wolle, so müsse man erst zwei Dinge beweisen: einmal, dass diese Lieder auch älter seien als die erste Redaktion des *Couronnement,* in der der fragliche Beiname auftrat, und dann, dass dieser Beiname schon in den ältesten Fassungen jener Lieder vorhanden war und nicht erst später eingeführt worden ist.

Ebensowenig sei Jonckbloets zweiter Einwand stichhaltig. Denn wenn *Guillaume Bras-de-fer* nicht selbst die Sarazenen bekämpft und den Papst verteidigt habe, so hätten doch andere Normannen, die vor ihm in Italien weilten, beides gethan und ihre Thaten hätten auf ihn übertragen werden können.

Dagegen lässt Langlois nun den Hinweis Jonckbloets auf die Chanson von Ogier gelten: „*Cet argument, en montrant avec quelle facilité les trouvères savaient changer les noms de leurs personnages, prouve que le combat contre Corsolt a pu être attribué à Guillaume de Narbonne aussi directement qu'à Ogier, sans l'intermédiaire de Guillaume Bras-de-fer*".

Ueberdies scheine der Hauptgrund, der P. Paris bewog, den Helden der Chanson mit dem Sohne Tancreds von Hauteville zu identifizieren, sein Beiname *Bras-de-fer* zu sein, den er mit *Fierebrace* gleichstelle. Aber diese beiden Namen seien vielmehr völlig verschieden: der erstere komme von *Brachium de ferro,* der zweite von *Fera brachia,* eine Verwechselung der beiden sei gar nicht möglich.

Auf diese Ausführungen Langlois' hin beschränkt sich denn Willems in seiner Studie über unsere Branche[1] auf die Bemerkung: „*Je considère comme entièrement inutile de revenir ici sur les objections que Jonckbloet fait à une hypothèse de P. Paris, qui croyait retrouver dans cette partie du poème l'influence d'un Guillaume de Hauteville, chef Normand, surnommé bras de fer (brachium de ferro). M. Langlois montre très bien, après Jonckbloet, qu'il ne peut avoir été le prototype de Guillaume fièrebrace (fera brachia)*".

---

[1] *L'élément historique dans le Couronnement Looïs* S. 17, n. 1.

Jeanroy a. a. O. ist offenbar der gleichen Ansicht, denn
er erwähnt die Paris'sche These überhaupt nicht mehr.

Nun hat aber schon Cloëtta in seiner Abhandlung „*Die
der Synagon-Episode des Moniage Guillaume II zu Grunde
liegenden historischen Ereignisse*"[1]) kürzlich dargethan, dass
Jonckbloets Haupteinwand gegen die Anschauung von P. Paris,
dass nämlich der Sohn Tancreds von Hauteville nicht gegen die
Sarazenen gekämpft habe, falsch ist. „Es ist aber ganz unerklärlich", sagt Cloëtta, „wie Jonckbloet bei dieser Gelegenheit
behaupten konnte, dass Tancreds ältester Sohn niemals gegen
die Sarazenen gekämpft habe, und wie L. Gautier, *Ép. franç.*[2]
IV, 94 Anm. 5 und E. Langlois, *Cour. de Louis* S. XLVIf. hierin
Jonckbloet sogar beistimmen konnten.[2]) Hätte der sonst so
umsichtige Gelehrte die von ihm selbst zitierten Stellen aus
Gaufredus Malaterras *Historia Sicula* genauer angesehen, so
hätte er sich überzeugt, dass jene *Siculi*, die Tancreds Sohn
Wilhelm an der Seite der Griechen bekämpft, nichts anderes
sind als *Saraceni*, wie sie in anderen Quellen genannt werden;
hätte er dann diese verglichen, so hätte ihm auch nicht ent-
gehen können, dass jener *Arcadius*, den Wilhelm vor Syrakus
mit seiner Lanze durchbohrte, weiter nichts ist als der von
Gaufred in einen Eigennamen verwandelte Titel des Befehls-
habers der sarazenischen Garnison dieser Stadt: *qāïd* (fr. *caïd*)
mit dem Artikel: *al-qāïd* (sp. *alcaide*)."

Trotzdem stimmt Cloëtta freilich Jonckbloet in der Haupt-
sache bei, insofern auch er die Zurückführung unserer Branche
auf die Thaten Wilhelms von Hauteville ablehnt.

Nicht besser als mit dem von Cloëtta widerlegten steht es
nun aber mit demjenigen Argument Jonckbloets, dem Langlois
ausschlaggebende Bedeutung beimisst: dass nämlich die Befreiung
Roms und der Zweikampf mit Corsolt = Corsubles auch in der
Chanson von Ogier dem Dänen vorkommen, dass hier von einer

---

[1]) *Abhandlungen, Prof. Tobler gewidmet*, Halle 1895, S. 254 f.

[2]) In der That, unerklärlich! Der Fall ist aber typisch für die Art
und Weise, wie gelegentlich „wissenschaftliche Resultate" zu stande kommen.
Eine gewisse These ist aufgestellt worden, ein Kritiker „widerlegt" dieselbe
durch einen Einwand, der thatsächlich falsch ist, wie jeder, der ihn auf seine
Berechtigung nachprüfen würde, sofort erkennen müsste; ein dritter nimmt
das Argument unbesehen hin und stimmt bei, und für den vierten ist die
Sache — abgethan.

Verwechselung der Namen (*Ogier* und *Guillaume Bras-de-fer*) nicht die Rede sein könne und dass folglich der Zweikampf mit Corsolt dem Wilhelm von Narbonne ebensowohl wie dem Ogier direkt, ohne Vermittelung Wilhelms *Bras-de-fer* habe zugeschrieben werden können. Dieser Einwand gegen die Identifikation Wilhelms *Fierebrace* mit dem Sohne Tancreds von Hauteville ist vollkommen nichtig; denn einmal beweist er doch nur, dass die Geschichte von der Befreiung Roms und dem Zweikampf mit Corsolt auf Wilhelm von Orange wie auf Ogier übertragen werden konnte, ohne dass sie vorher an den Namen Wilhelms *Bras-de-fer* geknüpft zu sein brauchte, nicht aber, dass sie thatsächlich auf ihn in dieser Weise übertragen wurde und nicht vorher doch an den Namen des letzteren geknüpft war; und dann trifft der Einwand doch nur diesen einen Zug, die Befreiung Roms und den Zweikampf, nicht aber andere Züge, welche sich für die Identifikation des Wilhelms unserer Chanson mit Wilhelm von Hauteville anführen lassen.

Es bleibt somit von der ganzen Beweisführung Jonckbloets nur bestehen der Hinweis auf die Thatsache, dass der Sohn Tancreds nicht, wie der Wilhelm der Chanson, den Papst beschützt habe, ein Bedenken, das sich, wie Langlois richtig bemerkt, leicht erledigt durch die Erwägung, dass andere Normannen dies gethan haben und ihre Thaten auf Wilhelm, als den berühmtesten, übertragen werden konnten.

Damit sind denn sämtliche Einwände Jonckbloets gegen die Paris'sche These als absolut hinfällig erwiesen. Hinfällig ist endlich auch der von Langlois selbst formulierte Einwand, der Sohn Tancreds habe den Beinamen *Bras-de-fer* = *Brachium de ferro* geführt, der Wilhelm unserer Chanson hingegen heisse *Fierebrace* = *Fera brachia*; beide Beinamen seien vollkommen verschieden und hätten nicht verwechselt werden können. Cloëtta, a. a. O. S. 262 f. hat nämlich gezeigt, dass Wilhelm in keiner Quelle *Brachium ferri* oder *de ferro* genannt werde und diese Form vermutlich erst von P. Paris aus dem französischen *Bras-de-fer* übertragen worden sei; vielmehr erscheine sein Beiname nur in den Formen *Ferreabrachia*, *Ferrebrachia*, *Ferrabrachia*, *Ferabrachia* und (Acc.) *Ferabrachium*, denen ein französisches *Fierebrace* zu Grunde zu legen sei. Somit ist der historische Beiname des Wilhelm von Hauteville vollkommen identisch mit dem des Helden unserer Chanson.

Und so wären wir denn zu dem Ergebnisse gelangt, dass
sämtliche Einwände, die bisher gegen P. Paris' Theorie
geltend gemacht wurden, nicht stichhaltig sind.

Zwar nicht auf Wilhelm von Hauteville als das Vorbild
des Helden unserer Branche, wohl aber auf das erste Auftreten
der Normannen in Unteritalien überhaupt als ihre historische
Grundlage hat nun, wie es scheint, völlig unabhängig von P. Paris,
auch R. Dozy[1]) hingewiesen, indem er sich auf die Uebereinstimmungen zwischen dem Inhalt der Branche und den Berichten
des Leo Ostiensis und des Ordericus Vitalis stützt.
Freilich sind Dozys diesbezügliche Bemerkungen ganz summarisch
gehalten. Er giebt eine kurze Analyse der Branche, teilt dann
den Bericht des Leo in Uebersetzung mit, hebt ein paar Abweichungen in dem Bericht des Ordericus hervor und weist
ausserdem darauf hin, dass normannischer Ursprung der Branche
auch hervortrete in der Anrufung eines normannischen Heiligen
durch Wilhelm, des *saint Lô* (*Sanctus Laudus*), Bischofs von
Coutances, V. 956:

> *Dex, dist li cuens, qui formastes saint Loth,*
> *Deffent moi, sire . . . .*

sowie in der Begehrlichkeit Wilhelms, der häufigen Verwendung
des Wortes *gaaignier* „*qui était justement l'idée dominante des
cupides et rusés Normands*“.

Allein Gautier[2]) hat unter den späteren Forschern von diesen
Ausführungen Dozys kurz Notiz genommen. Er glaubt sie aber
mit der Bemerkung zurückweisen zu können, die Erzählung Leos
und Ordericus' sei von der modernen Kritik „*légitimement mis
en doute*“, Prévost habe sie bezeichnet als einen „*récit de pure
invention, comme toutes les circonstances qui s'y rapportent. Et
d'ailleurs, qu'aurait de commun la prise de Salerne par quelques
aventuriers avec cette délivrance de Rome par Guillaume qui est
racontée dans le Couronnement Looys?*“

Die Anrufung St. Lôs sei irrelevant, da die Dichter die
Namen der Heiligen nach den Bedürfnissen des Reimes wählten.
„*Ils avaient saint Léonard pour les couplets en art, saint Richer
pour les couplets en er, saint Loth pour les couplets assonancés*

---

[1]) *Recherches sur l'histoire et la littérature de l'Espagne*[2], Leyden 1860,
t. II, 370 und *Append.* p. XCIII, no. XXXVI.

[2]) *Ép. franç.*[2] IV, 96.

en o etc." Der Hinweis endlich auf die häufige Verwendung von *gaaignier* sei überhaupt nicht ernst zu nehmen.

Man wird ja nun Gautier, was die beiden letzten Punkte betrifft, natürlich ohne weiteres Recht geben. Wenn er hingegen die Glaubwürdigkeit der beiden oben genannten Historiker unter Berufung auf das Urteil der modernen Kritik anzweifelt, so ist er im Irrtum, wie wiederum schon Cloëtta a. a. O. S. 266, Anm. 2 bemerkt hat: „Wenn letzterer — Gautier — jedoch erklärt, die neuere Geschichtsforschung bezweifle mit Recht die Wahrheit der betreffenden Berichte, und gar noch einen leichtfertigen Ausspruch Le Prévosts anführt, nach welchem die Erzählung Orderichs völlig aus der Luft gegriffen wäre, so muss dagegen Einspruch erhoben werden". Die betreffenden Angaben würden vielmehr im wesentlichen für richtig angesehen von de Blasiis, *La insurrezione pugliese e la conquista normanna nel secolo XI*, Napoli 1864, I, 69 ff. und von Schipa, *Arch. stor. per le provincie Napol.*, XIII, 499 ff.; dass ihnen jedenfalls eine wahre Thatsache zu Grunde liege, sei die Ansicht von Hirsch, *Forsch. z. deutsch. Gesch.* VIII, 236, Delarc, *Les Normands en Italie*, Paris 1883, S. 41 und Schack, *Gesch. der Normannen in Sicilien*, 1889, I, 90, und die vollständige historische Richtigkeit von Amatus' (= Leos) Bericht nähmen an Amari, *Storia dei Musulmani di Sicilia*, Firenze 1854, II, 343; Giesebrecht, *Deutsche Kaiserzeit* II, 178 und 611; Büdinger, *Hist. Zeitschr.* VIII, 352 u. a. m.

Trotzdem stimmt Cloëtta, wie Jonckbloet gegenüber P. Paris, so hier Gautier gegenüber Dozy in der Sache selbst bei, wenn er bemerkt, die Ansicht Dozys sei von Gautier „zurückgewiesen" worden. Langlois, Willems und Jeanroy erwähnen dieselbe überhaupt nicht mehr.

Ich glaube nun, dass die Forschung sehr unrecht gethan hat, über Dozys Hinweis einfach zur Tagesordnung überzugehen; ich glaube, dass die Uebereinstimmungen zwischen dem Inhalt der zweiten Branche des *Couronnement* und dem, was die Geschichtschreiber über das erste Auftreten der Normannen in Unteritalien und Sicilien melden, in der That derart sind, dass sie uns nötigen, zwar nicht, wie D. will, in Wilhelm von Montreuil, wohl aber, mit P. Paris, in Wilhelm, dem Sohne Tancreds von Hauteville, den Helden der Branche zu erblicken. Wenn diese Thatsache bisher verkannt wurde, so scheint mir das wesentlich mit darin

seinen Grund zu haben, dass man sich vor eine falsche Alternative gestellt glaubte, nämlich die Alternative: die Branche
hat zur Grundlage entweder die Belagerung Salernos im
Jahre 871 oder die Thaten Wilhelms von Hauteville. Da nun
das Auftreten Waifars in dem Gedichte es in der That, wie
oben dargelegt, höchst wahrscheinlich macht, dass jenes erstere
Ereignis sich in der Branche spiegelt, so schloss man: folglich
muss die Ansicht P. Paris', der Sohn Tancreds sei der Held
der Branche, falsch sein. Aber jene Alternative existiert nicht,
sie beruht auf einer mangelhaften Vorstellung von dem Leben
epischer Sage und dem Zustandekommen epischer Lieder; denn
sie lässt eine dritte Möglichkeit vollständig ausser Acht: die,
dass sowohl die Belagerung Salernos als auch die Thaten
Wilhelms in unserer Branche ihre Spuren zurückgelassen haben,
dass beide durch die Dichtung mit einander vermengt worden
sind. Dass eine solche Contamination verschiedener geschichtlicher Ereignisse im Epos etwas ganz gewöhnliches ist, das
braucht ja für jeden, dem die neueren Forschungen über epische
Dichtung und Sage und die Beziehungen zwischen Epos und
Geschichte nicht völlig fremd geblieben sind, hier nicht erst des
näheren dargelegt zu werden; es ist eine feststehende Thatsache,
für die sich zahlreiche Beispiele anführen lassen. Eben jene dritte
Möglichkeit ist nun aber im vorliegenden Falle zu statuieren:
neben der Belagerung Salernos vom Jahre 871 spiegeln sich in
unserer Branche — und zwar mit viel grösserer Deutlichkeit
und Vollständigkeit — die Thaten der ersten Normannen in
Unteritalien, vor allem Wilhelms, des Sohnes des Tancred; sie
sind es, welche die eigentliche geschichtliche Grundlage des Liedes
bilden, während sich von jenem anderen Ereignis nur ein paar
mehr oder weniger deutliche Reminiszenzen erhalten haben.

Es soll nun diese Behauptung im folgenden begründet
werden, zu welchem Zwecke es zunächst erforderlich ist, dar-
zulegen, was die beglaubigte Geschichte über das erste Auftreten
der Normannen in Italien und über die Schicksale Wilhelms
meldet.[1])

Im Jahre 1016 war die Stadt Salerno von einem starken
sarazenischen Heere zu Wasser und zu Lande eingeschlossen

---

[1]) Vgl. für das Folgende besonders Lothar von Heinemann, *Geschichte
der Normannen in Unteritalien und Sicilien*, Leipzig 1894, I, 33 ff., sowie

worden, weil der Fürst Waimar III.[1]) sich weigerte, den bisher gezahlten Tribut zu entrichten. Da landeten in der Nähe der Stadt 40 normannische Ritter, die von einer Pilgerfahrt nach dem heiligen Grabe zurückkehrten. Sie erbaten von Waimar Waffen und Pferde, um an dem Kampfe teilnehmen zu können und es gelang mit ihrer Hilfe, den Feind in die Flucht zu schlagen und die Stadt zu entsetzen. Der Fürst wünschte, die Normannen im Lande festzuhalten, doch sie erklärten, in die Heimat zurückkehren zu müssen, versprachen aber, zu Hause von dem Reichtum der Gegend erzählen und die ihrigen zur Auswanderung auffordern zu wollen. Ihr Ruf verhallte nicht ungehört. Eben damals war ein vornehmer normannischer Graf Namens Wilhelm Ripostellus von seinem Gegner, den die Quellen bald Osmund, bald Gislebert nennen, im Streite erschlagen worden. Der Thäter fürchtete den Zorn des Herzogs Richard II. (seit 996) und trat, der Werbung der heimkehrenden Pilger Folge leistend, begleitet von seinen vier Brüdern und, wie es scheint, einer Anzahl anderer normannischer Edeler, die Fahrt nach dem Süden an. Die Abenteurer durchzogen Frankreich und Norditalien und gelangten nach Rom, wo sie sich dem Papst Benedict VIII. vorstellten und seinen Segen für ihr Unternehmen erbaten. Benedict kam ihnen wohlwollend entgegen und wies sie nach Capua an Melus (Ismael), einen vornehmen Barenser, vermutlich lango-bardischen Geschlechts, der damals an der Spitze des apulischen Unabhängigkeitskampfes gegen die drückende byzantinische Herr-schaft stand. Melus nahm die Normannen sofort in seine Dienste und schlug 1017 an der Spitze eines normannisch-langobardischen Heeres die griechischen Feldherrn wiederholt aufs Haupt, erlitt aber freilich 1018 auf der Ebene von Cannae eine schwere Niederlage, die dem Aufstande ein jähes Ende bereitete. Der Verlust der Normannen war ein sehr grosser, Melus und ihr Führer Rodulf entkamen nur mit wenigen Begleitern; die über-lebenden traten teils in die Dienste des griechischen Statthalters, teils wurden sie von den Fürsten Waimar von Salerno, Pandulf von Capua und von dem Abte Atenulf von Montecassino in Sold genommen.

Hirsch-Bresslau, *Jahrbücher des deutschen Reichs unter Heinrich II.*, Leipzig 1875, III, 144 ff.; ferner O. Delarc, *Les Normands en Italie*, Paris 1883.

[1]) Waimar war damals seit 17 Jahren an der Regierung, vgl. Aimé, *Ystoire de li Normant, p. p.* Delarc, Rouen 1892, p. 19, u. 1.

Die unteritalischen Ereignisse der folgenden Jahre, die Römerfahrten Kaiser Heinrichs II. sowie Conrads II., die Fehden Pandulfs von Capua u. s. w. interessieren uns hier nicht. Ich hebe nur die Thatsache hervor, dass die Normannen durch neuen Zuzug aus der Heimat beständige Verstärkung erfuhren und in der 1030 gegründeten Feste Aversa einen Stütz- und Sammelpunkt gewannen, von dem aus später die Eroberung Unteritaliens ins Werk gesetzt wurde. Ich gehe gleich über zu den Vorgängen auf Sicilien im Jahre 1037.

Hier regierte seit 1019 der Emir Ahmed al Akhal, der den Beinamen Abu-Giafar, d. i. Vater des Giafar führte; die Griechen nannten ihn Ἀπολάφαρ. Unter ihm wurden die Streifzüge in die unter byzantinischer Herrschaft stehenden unteritalischen Lande wieder mit Energie aufgenommen; die Griechen ihrerseits erneuerten den Krieg auf sicilianischem Boden, vermochten aber keine dauernden Erfolge zu erringen. Im Jahre 1035 nun brach unter den Arabern Siciliens ein Bürgerkrieg aus zwischen „Sicilianern", d. h. den im Islam erzogenen Nachkommen der alten Einwohner der Insel, und den erst später eingewanderten Afrikanern. An der Spitze der letzteren stand der Emir Abu-Giafar selbst, während die Sicilianer von seinem Bruder Abu-Hafs angeführt wurden. Um die Erhebung der Sicilianer zu unterdrücken, trug Abu-Giafar kein Bedenken, ein Bündnis mit Byzanz zu schliessen; er erhielt den Titel eines *magister militum* und erkannte wahrscheinlich die byzantinische Oberhoheit an. Abu-Hafs seinerseits wandte sich um Hilfe an den Sultan von Tunis, der bereitwillig ein Heer von 6000 Mann nach Sicilien entsandte. Diesem war Abu-Giafar nicht gewachsen, er wurde wiederholt geschlagen und musste bei dem griechischen Feldherrn, Konstantinos Opos, Zuflucht suchen. Letzterer setzte im Jahre 1037 nach Sicilien über, besiegte das Heer der Afrikaner in mehreren Treffen und befreite 15 000 christliche Sklaven aus der Gefangenschaft der Ungläubigen, kehrte aber dann, wohl weil er der Uebermacht auf die Dauer nicht gewachsen war, nach Italien zurück. Abu-Giafar wurde in Palermo von den Afrikanern eingeschlossen und von seinen eigenen Anhängern ermordet.

Sofort traf man nun in Byzanz umfassende Vorkehrungen, um Sicilien der Oberhoheit des griechischen Kaiserreiches zu unterwerfen. Georg Maniakes, der sich schon in Kleinasien als Feldherr bewährt hatte, wurde mit der Führung des Krieges

gegen die Sarazenen beauftragt, die auserlesensten Truppen
wurden ihm zur Verfügung gestellt.[1]) Im Jahre 1038 ging er
nach Apulien, um sein Heer durch unteritalische Truppen zu
verstärken. Auf Veranlassung Waimars IV. von Salerno schlossen
sich ihm auch eine Anzahl Normannen an, — nach einer Quelle
(Amatus von Montecassino) 300, nach anderen[2]) 500 —, unter
denen zwei von den zwölf Söhnen Tancreds von Hauteville,[3])
Wilhelm und Drogo, besonders hervorragten.[4]) Sie waren bald
nach der Gründung von Aversa in Italien eingetroffen, hatten
anfangs in den Diensten Pandulfs von Capua gestanden, waren
dann aber zu Waimar IV., dem Sohne Waimars III., über-
gegangen und stiessen also unter seinen Hilfstruppen zum griechischen Heere. Mitte des Jahres 1038 setzte Maniakes nach
Sicilien über; er nahm Messina ein — bei welcher Gelegenheit
sich die Tapferkeit der Normannen glänzend bewährt haben
soll, — besiegte ein sarazenisches Heer bei Rometta und unterwarf einen grossen Teil der Insel der griechischen Herrschaft.
Anfang des Jahres 1039 rückte er dann gegen Syrakus vor und
belagerte die Stadt. Hier bestand Wilhelm von Hauteville nach
dem normannischen Geschichtschreiber Gaufredus Malaterra und
dem sog. Anonymus Vaticanus mit dem Befehlshaber der Stadt,
der *Arcadius* oder *Archaydus*, d. i. *Al-qāïd*, genannt wird, einen
Zweikampf, in dem er seinen Gegner mit der Lanze durchbohrte: „wegen dieser That war er seitdem bei den Griechen
wie bei den Sarazenen Gegenstand höchster Bewunderung“.
Inzwischen hatte der Emir ein neues Heer gesammelt, dem

---

[1]) In seinem Heere befand sich auch die Leibgarde der Waräger unter
dem berühmten Harald Hardraade.

[2]) So Cedrenus ed. Bonn II, 545: Ἔτυχε προσεταιρισάμενος καὶ
Φράγγους [d. i. Normannen] πεντακοσίους ἀπὸ τῶν πέραν τῶν Ἄλπεων Γαλ-
λιῶν μεταπεμφθέντας.

[3]) *Hauteville-la-Guichard* im Département der Manche, 13 Kilometer
nordöstl. von Coutances. Nach Gauttier d'Arc, *Histoire des conquêtes des
Normands en Italie, en Sicile et en Grèce*, Paris 1830, S. 66 wären die
Ruinen des von Tancred bewohnten Schlosses noch im Anfang unseres Jahrhunderts zu sehen gewesen.

[4]) Nach Aimé, *Ystoire de li Normant* II, 8, éd. Delarc S. 59 hatte
Waimar den Wilhelm zum Anführer der Normannen ernannt: *La poteste
imperial se humilia a proier l'aide de Guaimere, laquel petition vouloit Gay-
mere aemplir, et fist capitain Guillerme filz de Tancrede liquelle novelle-
ment estoit venut des particz de Normendie avec .II. freres, Drugone et
Unfroide; avec liquel manda trois .C. Normant“.*

Maniakes bei Troïna, nordwestlich vom Aetna, entgegentrat.
Die Griechen errangen den Sieg, der nach den genannten normannischen Historikern hauptsächlich der Tapferkeit Wilhelms
und seiner Genossen zu danken gewesen wäre. „Wilhelm, der
Sohn Tancreds, stolz auf seinen kriegerischen Ruhm, stark in
den Waffen, kommt den Griechen zuvor und nimmt den Kampf
auf; nur mit seinen eigenen Leuten tritt er dem Feinde entgegen, bevor die Griechen zur Stelle sind. Tapfer streitend
streckt er viele nieder, schlägt die übrigen in die Flucht und
geht als Sieger aus dem Kampfe hervor". Auch Syrakus fiel
nunmehr in die Hände der Griechen. Aber den Normannen
wurde von Maniakes mit Undank gelohnt. Empört über die
Behandlung, die man ihnen zu Teil werden liess, sagten sie sich
von den Griechen los und kehrten nach Apulien zurück, um nun
hier als furchtbare Gegner ihrer bisherigen Verbündeten auf-
zutreten. Durch neuen Zuzug aus der Heimat und durch die
Anhänger der aufständischen, anti-griechischen Partei verstärkt,
schlugen sie 1041 den byzantinischen Feldherrn am Flusse
Oliveto; auch in dieser Schlacht zeichneten sich Wilhelm und
sein Bruder Drogo nach Gaufred vor allen andern aus. Eine
neue Niederlage erlitten die Griechen in der Ebene von Cannä
bei Monte Maggiore am Ofanto, eine dritte im gleichen Jahre
bei Monte Peloso. Die letztere wäre nach Gaufredus Malaterra I, 10 und dem Anonymus durch das Eingreifen Wilhelms
entschieden worden, während Guillelmus Apulus die gleiche Rolle
einem gewissen Walter, dem Sohne des Amicus, zuschreibt.[1]) Im
weiteren Verlauf des Krieges wurde Apulien den Griechen ent-
rissen und im Jahre 1042 von den Normannen Wilhelm zum
Grafen von Apulien ernannt.[2]) Die eroberten Gebiete wurden
unter den obersten Schutz Waimars von Salerno gestellt, der,
hoch erfreut, seine Macht weiter ausdehnen zu können, dem Grafen
Wilhelm seine Nichte, die Tochter seines Bruders, des Herzogs
Guido von Sorrent, zur Frau gab. Er nannte sich seitdem
Herzog von Apulien und Calabrien und erkannte Wilhelm als

---

[1]) Vgl. Delarc, *Les Normands en Italie* S. 115.

[2]) Aimé II, c. 28, éd. Delarc S. 82: „*et ordenerent entre eaux ensemble
de faire sur eaux un conte. Et ensi fu, quar il firent lor conte Guillerme fil
de Tancrede, home vaillantissime en armes et aorné de toutes bones costumes,
et beauz, et gentil, et jovene*".

Grafen von Apulien und seinen Vasallen an. Anfang des Jahres 1043 fand die Verteilung des eroberten und noch zu erobernden apulischen Landes unter die zwölf normannischen Führer statt. Wilhelm erhielt Ascoli, sein Bruder Drogo Venosa. Auf die Kämpfe gegen die Griechen in den folgenden Jahren braucht nicht mehr eingegangen zu werden. Wilhelm starb 1045 und wurde in S. Trinitate zu Venosa begraben. Sein Nachfolger in der Grafschaft wurde Drogo, den Waimar sich noch enger verband, indem er ihm seine Tochter zur Frau gab.

Dies die Ereignisse in Unteritalien und Sicilien zur Zeit des ersten Auftretens der Normannen, soweit sie hier für uns von Interesse sind. Die Gründe nun, welche mich bestimmen, eben in ihnen die geschichtliche Grundlage der zweiten Branche des *Couronnement* zu erblicken, sind die folgenden:

1. Nach der Chanson ziehen Wilhelm *Fierebrace* und seine 60 — nach anderen Handschriften 40 — Begleiter als Pilger aus Frankreich nach Rom. Der Geschichte zufolge waren die ersten Normannen, die auf unteritalischen Boden erschienen, 40 normannische Ritter, die auf einer Pilgerfahrt begriffen waren. Wenn die letzteren nicht, wie die Pilger in der Chanson, direkt von Frankreich kamen, sondern sich auf dem Rückwege von Jerusalem befanden, so ist es zunächst klar, dass dieser Zug leicht in Vergessenheit geraten konnte; er fehlt auch bei Guilelmus Apulus, der nur weiss, dass die ersten Normannen in Italien Pilger waren, die den Monte Gargano besuchten,[1]) von einem vorherigen Besuche Jerusalems ist bei ihm nicht die Rede, vgl. *Gesta Roberti Wiscardi* I, 11[2]):

„*Horum* [sc. *Normannorum*] *nonnulli Gargani culmina montis Conscendere tibi, Michaël Archangele, voti Debita solventes*".

Ueberdies erklärt sich die Nichterhaltung jenes Zuges durch die unten zu besprechende Thatsache, dass jene erste Fahrt normannischer Pilger durch die Tradition vermengt wurde mit den späteren Nachschüben normannischer Ritter, speciell mit der Uebersiedelung der Söhne Tancreds von Hauteville. Dass

---

[1]) Ueber die Geschichte dieses Heiligtumes und die Pilgerfahrten der Normannen dahin vgl. Delarc, o. c. S. 29 ff.

[2]) Muratori, *SS. Rer. It.* V, 253; Pertz, *SS.* IX, 239.

auch diese, Wilhelm *Ferabrachia*[1]) und seine Brüder, als Pilger
nach Italien gekommen seien, sagt Ordericus Vitalis, *Hist. eccles.*
l. III[2]): „*Illi autem* [sc. *filii Tancredi*] *non simul, sed diverso
tempore sub specie peregrinorum, peras et baculos por-
tantes* (*ne a Romanis caperentur*) *in Apuliam abierunt,
omnesque variis eventibus aucti, duces aut comites in Apulia seu
Calabria vel Sicilia effecti sunt*". Wenn sodann Wilhelm in der
Chanson Karl erklärt, er wolle nach Rom ziehen, um ein vor
15 Jahren gethanes Gelübde zu erfüllen:

V. 233   *Bien a quinze ans, a celer ne vos quier,*
              Que m'i promis, mais ne poi espleitier,

so stimmt dies wieder zu der oben citierten Darstellung des
Guilelmus Apulus, wonach jene ersten Normannen den Monte
Gargano bestiegen in Erfüllung eines dem heil. Michael
gethanen Gelübdes.

Die Zahl der Ankömmlinge beträgt den geschichtlichen
Quellen zufolge, wie gesagt, 40. Bezüglich dieser Zahl stimmen
Amatus von Montecassino und der von ihm völlig unabhängige
Leo Ostiensis in seiner ersten Redaktion überein:

Amatus I, cap. 17[3]): *Avan mille puis que Christ lo nostre
Seignor prist char en la virgine Marie, apparurent en lo monde
.XL. vaillant pelerin; venoient del sain sepulcre de Jerusalem
pour aorer Jhucrist.*

Leo II, 37[4]): *His primum diebus venerunt Capuam Normanni
aliquot, quadraginta fere numero.*

In der Chanson beläuft sich die Zahl der Pilger, wie
bemerkt, nach einigen Handschriften auf 60, nach anderen auf
40 (genau genommen auf 61, bezw. 41, da Wilhelm selbst nicht
einbegriffen ist). Die Uebereinstimmung zwischen Geschichte
und Dichtung wäre nun gewiss höchst bemerkenswert, auch
wenn die 40 immerhin so nahe stehende Zahl 60 die richtige,
ursprüngliche Lesart darstellte; sie wäre es´ aber gewiss in
erhöhtem Grade bei 40. Welche von beiden Lesarten verdient

---

[1]) Dies, nicht *Ferreabrachia*, ist, wie schon bemerkt, nach Cloëtta,
o. c. S. 263, die ursprüngliche Form des Namens.
[2]) Éd. Le Prévost, Paris 1840, t. II, 88. (l. III, cap. V); éd. Migne,
Patrol. lat. 188, 269 (l. III, cap. XIII).
[3]) Éd. Delarc S. 18.
[4]) *Chron. Mon. Cas.* bei Pertz, *SS.* VII, 652[17].

den Vorzug? Nach dem Herausgeber des *Couronnement*, Langlois, die erstere; er setzt *seissante* in den Text und dies scheint auch das von ihm aufgestellte Handschriftenschema zu fordern, falls wirklich, wie man nach dem Variantenapparate auf den ersten Blick annehmen muss, *seissante* nicht nur in Gruppe B, sondern auch in Hs. C steht.

Langlois' Schema ist nämlich das folgende[1]):

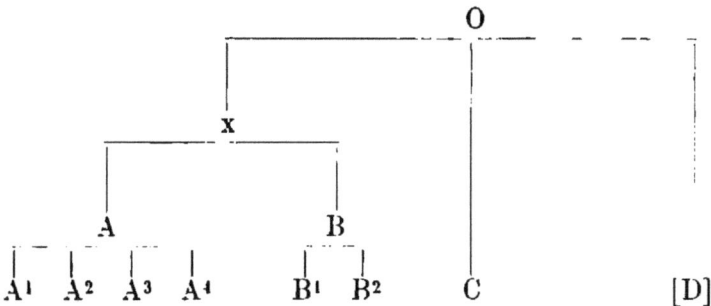

D enthält unsere Branche nicht, kommt also hier nicht in Betracht.

Seissante stünde danach also in zwei von einander unabhängigen Handschriftenfamilien, .XL. nur in einer, in A, jenes müsste also, wie es scheint, den Regeln der Handschriftenkritik zufolge im Original gestanden haben.

Hat nun aber C wirklich, wie man nach Langlois' Variantenverzeichnis annehmen muss, *seissante*? Auf den ersten Blick, wie gesagt, scheint es so, aber bei näherem Zusehen kann man daran zweifeln. Zu V. 39 macht nämlich Langlois folgende Bemerkung: „*C diffère trop pour qu'on en puisse mentionner toutes les variantes; je renvoie à la copie intégrale que j'en imprime à la fin de ce volume. Quand de nouveau il se rapprochera assez des autres leçons pour que je puisse reprendre le système d'annotation appliqué aux vers précédents, je le ferai.*" L. will also vorläufig alle Varianten von C unterdrücken, will sie aber wieder mitteilen, wenn C in seinen Lesarten den übrigen Handschriften wieder näher kommt; in der That findet sich nun V. 39—90 nicht eine einzige Variante von C verzeichnet. Von V. 92 an erscheinen sie hingegen wieder zahlreich, hier hat also L. offenbar sein früheres System wieder aufgenommen (vgl. V. 92, 93, 94, 95,

---

[1]) *Introd.* S. CXXVIII.

4

97, 98 u. s. w.), von V. 109 an aber verschwindet C neuerdings, um erst V. 331 wieder mit einer Variante aufzutauchen. Da es nun bei den ausserordentlich starken Abweichungen, welche gerade C aufweisst, direkt ausgeschlossen zu sein scheint, dass von V. 109 bis V. 331 nicht eine einzige Variante sollte zu verzeichnen gewesen sein — A und B haben ihrer viele —, so wird man zu dem Schlusse gedrängt, dass Langlois hier abermals die Varianten von C gänzlich bei Seite gelassen hat. In eben diesem Abschnitt stehen aber die uns hier interessierenden Stellen unserer Branche, nämlich V. 237 und 251. Nun verweist allerdings der Herausgeber in der citierten Anm. zu V. 39 auf die „copie intégrale" von C, die er am Schlusse veröffentlicht, aber diese Kopie beginnt erst mit V. 1206, wegen des Anfanges verweist Langlois wieder zurück auf die Varianten: „Les 1206 premiers vers du manuscrit C sont donnés dans les variantes des 1500 premiers vers du texte critique". Somit erfahren wir aus Langlois' Ausgabe über die Varianten von C V. 109—331 gar nichts und es ist aus ihr durchaus nicht zu entnehmen, ob C wirklich, wie man bei oberflächlicher Betrachtung nach dem Apparat glauben muss, V. 237 und 251 seissante, oder ob es quarante hat — welches dann also in den Text zu setzen wäre —, oder ob es vielleicht eine ganz andere Zahl aufweist oder eine solche etwa überhaupt fehlt, — in welchem Falle quarante und seissante gleichberechtigt nebeneinander stünden.

Nun ist aber weiter zu bemerken, dass selbst für den Fall, es habe C wie B seissante, daraus noch keineswegs folgt, dass diese Zahl wirklich im Original stand. Es scheint nämlich klar, dass sich die Vertauschung der beiden Ziffern einfach erklärt als die Folge einer Verwechselung der beiden römischen Ziffern XL und LX. Offenbar konnte nun eine solche Verwechselung recht wohl auch zwei von einander völlig unabhängigen Schreibern passieren und die Thatsache, dass die eine der beiden Ziffern sich in zwei von einander unabhängigen Handschriftenfamilien findet, würde also noch keineswegs darthun, dass sie wirklich die ursprüngliche Lesart darstellt.

Somit ist die von Langlois in den Text gesetzte Zahl seissante als ursprünglich durchaus nicht gesichert und die Möglichkeit gegeben, dass vielmehr quarante im Original stand; in diesem Falle würde also die Uebereinstimmung zwischen den geschichtlichen Zeugnissen und unserer Chanson bezüglich der

Zahl jener in Italien eintreffenden französischen Pilger eine vollständige sein, die doch unmöglich als rein zufällig betrachtet werden könnte.

Weitere Uebereinstimmungen zwischen Geschichte und Chanson sind nun die folgenden:

2. Wilhelm und seine Genossen unternehmen die Fahrt nach Rom in Pilgertracht, aber unter den Kutten führen sie Schwert und Harnisch:

V. 274 *Desoz les chapes orent les branz letrez*
Et neporquant si orent il trossé
Les buens halberz et les helmes dorez.

Eben in dieser Ausrüstung pflegten die Normannen ihre Pilgerfahrten zu unternehmen, vgl. Delarc, *Les Normands en Italie*, S. 35: „*Leur robe de pénitence recouvrait une cotte de maille, à côté de leur bâton ils avaient une bonne et lourde épée dont ils se servaient à l'occasion*".

3. Der Name des Helden ist hier wie dort identisch: *Guillaume Fierebrace* in der Chanson, *Guilielmus Ferabrachia* (*Ferreabrachia*) in der Geschichte; denn der letztere erscheint bei Gaufredus Malaterra in der That als der hervorragendste unter den Normannen, als ihr Protagonist. Gaufred sowohl als Guillelmus Apulus spenden ihm das höchste Lob. Der erstere sagt von ihm anlässlich seines Todes, cap. XII[1]):

Guilielmo . . . comite . . defuncto, magnus dolor omnes Normannos invasit. Quippe qui tanti consilii virum, tam armis strenuum, tam sibi munificum, affabilem, morigeratum ulterius se habere diffidebant;

und Guil. Apulus schildert ihn mit den Worten, o. c. II, V. 22[2]):

. . . . vir ferrea dictus habere
Brachia Guilelmus, cui vivere si licuisset,
Nemo Poëta suas posset depromere laudes,
Tanta fuit probitas animi, tam vivida virtus.

Allerdings befindet sich der geschichtliche Wilhelm nicht unter jenen zuerst in Italien erscheinenden 40 Pilgern, sondern unter den Normannen, welche später auswanderten: er traf, wie wir sahen, mit seinem Bruder Drogo erst nach dem Jahre 1030 in Italien

---

[1]) Muratori, *SS. Rer. It.* V, 552.
[2]) Ib. V, 259; Pertz, *SS.* IX, 254.

ein. Indessen erklärt sich diese Discrepanz zwischen Chanson und
Geschichte offenbar sehr einfach durch die Thatsache, dass jenes
erste Erscheinen normannischer Ritter auf unteritalischem Boden
von der Tradition vermengt wurde mit der durch jene Pilger
veranlassten ersten Einwanderung normannischer Abenteurer,
die sich dem Melus anschlossen, und das Auftreten dieser wiederum mit den später erfolgten Zuzügen aus der Normandie überhaupt. Eine derartige Vermengung ist, wie es scheint, vollzogen
bei Leo Ostiensis in seiner ersten, von Amatus noch unabhängigen
Redaktion, l. II, cap. 37[1]):

*His primum diebus venerunt Capuam Normanni aliquot,
quadraginta fere numero; qui domini sui comitis Normanniae
iram fugientes, tam ipsi quam plures eorum socii quaquaorsum
dispersi, sicubi reperirent qui eos ad se reciperet requirebant;
viri equidem et statura proceri, et habitu pulchri, et armis ex-
perientissimi, quorum praecipui erant vocabulo Gislebertus Boteri-
cus, Rodulfus Todinensis, Gosmannus, Rufinus, atque Stigandus.
Hoc cognito Melus, mox illos accersit . . ."*

Hier sind also offenbar die 40 Pilger identifiziert mit jenen
Normannen, die auf Veranlassung dieser Pilger auswanderten
und dann mit Melus gemeinsame Sache machten.

Aehnlich scheint Gaufredus Malaterra die Uebersiedelung
der ersten Normannen nach Italien zu vermengen mit dem Ein-
treffen der Söhne Tancreds. Wenigstens ist bei ihm von einer
normannischen Einwanderung vor dem Auftreten Wilhelms und
seiner Brüder nicht die Rede; er scheint die Vorstellung zu haben,
dass diese die ersten Normannen in Italien waren, jedenfalls
muss jeder Leser seines Werkes diese Vorstellung bekommen. Er
sagt, nachdem er über die Familie Tancreds, seine zweimalige
Heirat und seine 12 Söhne berichtet hat, cap. V:

*Sicque communi consilio prima actas [sc. filiorum Tancredi],
prae caeteris adhuc minoribus magis roborata, primo patria
digressi, per diversa loca militantes lucrum quaerentes, tandem
apud Apuliam Italiae provinciam, Deo se ducente, pervenerunt.*

Mit einer ganz analogen, ebenso nahe liegenden dritten
Kombination haben wir es offenbar zu thun, wenn wir annehmen,
man habe jene 40 Pilger identifiziert mit Wilhelm Fierabras und
seinen Genossen.

---

[1]) Pertz, *SS.* VII, 652[17].

4. In der Chanson begeben sich die Pilger direkt nach Rom zum Papst. Ebenso berichtet Radulf Glaber, *Historiae* III, c. 1[1]) [verfasst 1035—44[2])], die ersten normannischen Auswanderer, als deren Anführer er Rodulf nennt, hätten in Rom Station gemacht und sich dem Papst Benedict VIII. vorgestellt (der sie zur Bekämpfung der Griechen in Apulien aufgefordert und nach Benevent gewiesen habe). Ademar von Chabannais, der sich kürzer fasst, scheint das gleiche sagen zu wollen, *Historiae* III, c. 55[3]) (beendigt 1028), und Guillelmus Apulus sowie Amatus bemerken wenigstens, dass sie ihren Weg über Rom nahmen:

Guillelmus Ap. I, V. 41[4]):

Postquam gens Romam Normannica transit inermis
Fessa labore viae Campanis substitit horis.

Amatus I, c. 20[5]): *Et vindrent armés non come anemis, mes come angele, dont par toute Ytalie furent receuz. Les coses necessaire de mengier et de boire furent données de li signor et bone gent de Ytalie, et passerent la cité de Rome et vindrent a Capue . . .*

5. Wilhelm „*Ferabrachia*" hat, wie der *Guillaume Fierebrace* unserer Chanson, die Sarazenen bekämpft und einen vornehmen Sarazenen — den Befehlshaber von Syracus — im Zweikampf getötet. Gaufredus Malaterra sagt ausdrücklich, dass eben dieser Zweikampf es war, welcher Wilhelms Ruhm bei Griechen und Sarazenen begründete; wir dürfen also annehmen, dass die Erinnerung an ihn geraume Zeit in der Tradition fortlebte. Ein wesentlicher Unterschied besteht hier freilich zwischen Geschichte und Dichtung insofern, als der ersteren zufolge jene Kämpfe mit den Sarazenen auf Sicilien, vor Syracus und bei Rometta, stattfanden, während in unserer Chanson der Schauplatz nahe bei Rom ist. Indess erledigt sich die Discrepanz offenbar mit der gleichen Bemerkung, durch die Langlois, *Introd.* S. XL die Verlegung des Schauplatzes von Salerno nach Rom erklärt: „*Le*

---

[1]) Pertz, SS. VII, 62.
[2]) Vgl. *Rev. hist.* 48 (1892), S. 295.
[3]) Pertz, SS. IV, 140: „*Richardo vero comite Rotomagi, filio Richardi, Normannos gubernante, multitudo eorum cum duce Rodulfo armati Romam, et inde conivente papa Benedicto Appuliam aggressi, cuncta derastant.*"
[4]) Muratori, SS. V, 254; Pertz, SS. IX, 242.
[5]) Éd. Delarc S. 23.

*siège du pape était un centre où venaient se grouper tous les
événements qui se passaient au delà de Montjeu. Le fait avait
lieu en Italie, donc ce pouvait être près de Rome".*[1])

Der Chanson zufolge besteht Wilhelm, wie wir sahen, zunächst den Zweikampf mit Corsolt und feiert dann die Nacht
hindurch mit seinen Begleitern den errungenen Sieg; am nächsten
Morgen brechen die Sarazenen ihre Zelte ab und wenden sich
zur Flucht, Wilhelm mit den Seinen setzt ihnen nach und es
kommt nun noch zum Handgemenge, in dem Galafre von Wilhelm
besiegt und zum Gefangenen gemacht wird.

Dieser Gang der Ereignisse erinnert in höchst bemerkens-
werter Weise an die Darstellung des Gaufredus Malaterra
cap. VII[2]), die ich im Wortlaut hier glaube mitteilen zu sollen:
Maniakes ist nach Sicilien übergesetzt und hat vornehmlich
durch die Tapferkeit der Normannen Messina eingenommen.

„*Maniacus nostrorum causâ nactus urbem, in pretio eos
habere coepit, donisque, et promissionibus corrigere ad militiam.
Inde ergo profundiores partes Siciliae attentando, et omnia sub-
jugando progredientes, Syracusam usque pervenerunt. Arcadius
quidam, qui urbi principabatur, nostris infestus, multas strages
dabat; quo Guilielmus Tancredi filius, qui Ferrebrachia nun-
cupatur, plurimum indignatus, impetu facto, super eum irruit,
fortiterque congrediens hastili robore dejectum interfecit: unde et
maxima laudis admiratione deinceps apud Graecos et apud Siculos
[= Saracenos] fuit.*[3]) Siculi itaque usque ad sexaginta millia*

---

[1]) Bekanntlich war es um die geographischen Kenntnisse selbst gelehrter
Chronisten der Zeit oft herzlich schlecht bestellt. Von dem oben erwähnten
Radulf Glaber und Ademar bemerkt Baist, *Zur Kritik der Normannen-
geschichte des Amatus v. Monte Casino, Forsch. z. deutsch. Gesch.* 24, 287: „Der
politische und geographische Gesichtskreis der beiden Franzosen erstreckt
sich nicht über Rom hinaus: Rod. Glaber, der in Rom gewesen ist, setzt den
Vesur nach Afrika".

[2]) a. a. O. S. 551.

[3]) Der Anonymus Vaticanus, *Historia Sicula* (bei Muratori, *SS.*
VIII, 748), der erst um 1146 schrieb, aber die gleichen Quellen benutzt
hat wie Gaufred, berichtet über diesen Zweikampf folgendermassen:

„... *Maniacus cum exercitu suo apud Syragusiam iter aggreditur, cui
civitatem appropinquanti Syragusani obviam occurrerunt, et convenientibus
utrinque exercitibus maxima vi inter se tentatum est. Erat autem ex parte
Saracenorum quidam vocatus Archaydus, idem [l. id est] legis Doctor, vel
Princeps, cui tantae vires, tantaque animositas inerat, quod nullus Grae-
corum, vel Langobardorum ei numquam impune occurrebat; cumque jam*

congregati Maniaco et suis in partibus Traïnae urbis bellum offerre tentant. Porro Guilielmus filius Tancredi laude militiae ferox, armis strenuus, Graecos ad certamen praeveniens, certamine inito, cum suae gentis tantum militibus cum hoste congreditur, antequam Graeci ad locum certaminis perveniant. Fortiter agendo plures stravit, reliquos fugat, victor efficitur." [1])

Also, wie in der Chanson, erst Zweikampf, dann allgemeines Handgemenge, bezw. Schlacht. Jener findet statt bei Syrakus, diese bei Troina. Streicht man aber Syrakus und Troina, so könnte man meinen, es mit zwei eng zusammenhängenden Ereignissen auf gleichem Schauplatze zu thun zu haben, und es ist klar, dass aus einer Darstellung der Ereignisse wie der Gaufreds durch Unterdrückung der Ortsangaben, die für französische Zuhörer ohne Interesse waren, leicht die in unserer Chanson gegebene werden konnte. Die Verschiebung des Schauplatzes von Syrakus nach Troina wurde vergessen und nur festgehalten, dass erst ein Zweikampf Wilhelms und dann, von demselben durch kurzen Zeitraum — in unserer Chanson durch eine Nacht — getrennt, ein allgemeiner Kampf mit den Sarazenen stattgefunden hatte.

Gaufred zufolge tötet Wilhelm den „*Arcadius*", indem er ihn mit der Lanze durchbohrt: *hastili robore dejectum interfecit.* Auch Wilhelm in der Chanson durchbohrt seinen Gegner mit der Lanze und zwar zweimal hintereinander, durch und durch, so dass die Spitze der Lanze auf der anderen Seite wieder hervortritt:

multos occidisset, magnamque eorum partem, ceu lupus oves, in fugam convertisset, Guilielmus Ferabrachia, cujus virtus semper tendebat ad ardua, damna suae partis diutius non sustinens, deducto accitus in eum equo per hastam, quam ipse gestabat, solita virtute per medium pectus illius contorsit. Itaque mortuo jam illo, in quo tota salus civitatis nitebatur, casu subito conterriti Sarraceni infra muros se recipiunt, et clausis portis, telis et lapidibus potius quam mucrone vel lancea eminus se tuentur".

[1]) Amatus II, cap. 8, éd. Delarc S. 59, berichtet über den sicilianischen Feldzug nur ganz im allgemeinen, indem er das Hauptverdienst am Siege der Griechen für die Normannen in Anspruch nimmt: „*Et a dire la verité, plus valut la hardiece et la prouesce de ces petit de Normans que la multitude de li Grex, et ont combatu a la cité, et ont vaincut lo chastel de li Sarazin, et la superbe de li Turmagni* [= Τουρμάρχαι, *Turmarcha, i. e. „turmae seu regionis praefectus"*] *gist par li camp, li gofanon de li chrestien sont efforciez, et la gloire de la victoire est donnée a li fortissime Normant".*

V. 910 *Brandist la lance o l'enseigne de paille,*
Fiert le paien sor la vermeille targe:
Teinz et verniz et li fuz en trespasse,
Le blanc halberc li desront et desmaille,
La vieille broigne ne li ralu meaille;
Par mi le cors son reit espié li passe,
Que d'altre part peüst l'en une chape
Soz le fer pendre, qui bien s'en preïst guarde.

Und dann nochmals:

V. 946 *L'espié li mist trés par mi leu del cors,*
Que d'altre part en paru li fers hors.

Freilich sind diese Lanzenstösse keine tödlichen, Wilhelm
ŋötet Corsolt nicht mit der Lanze, sondern mit dem Schwerte,
indem er ihm den Kopf abhaut. Ich möchte deshalb auch auf
den in Rede stehenden Zug kein besonderes Gewicht legen.

Aus dem Gesagten erhellt, dass ich den Zweikampf Wilhelms
Ferabrachia mit dem „*Arcadius*" als das geschichtliche Vorbild
für den Zweikampf Wilhelms *Fièrebrace* mit Corsolt betrachte,
und die Schlacht bei Troina als die historische Grundlage des
in der Chanson am nächsten Morgen folgenden Kampfes mit den
auf der Flucht begriffenen Sarazenen.

Der Name Corsolt mag auf willkürlicher Erfindung beruhen.
Aber es ist doch zu beachten, dass uns der Name von Wilhelms
Gegner eben nicht bekannt ist, denn *Arcadius* ist ja, wie wir
sahen, nur der latinisierte Titel *al-qaïd*. Wäre es nicht möglich, dass der Name dem Corsolts ähnlich gelautet hätte? Wahr-
scheinlicher freilich ist es, dass der sarazenische Kämpe in der
Tradition allgemein nur unter der Gaufred und dem Anonymus
bekannten Bezeichnung fortlebte.

6. In der Chanson spielt von den sarazenischen Fürsten
nächst Corsolt die Hauptrolle König *Galafre*. Er wird von Wilhelm
gefangen genommen, empfängt auf seinen eigenen Wunsch hin
die Taufe und erreicht dann durch eine List die Befreiung von
30 000 christlichen Gefangenen — unter ihnen König Guaifiers —,
die sich in den Händen seiner ehemaligen Glaubensgenossen befanden. Nun hat B e c k e r , *Die altfranz. Wilhelmssage* S. 17,
Anm. 1 die Vermutung geäussert: „man könnte wegen Galafre an
Apolaffar, Fürsten von Tarent, denken, der zuerst mit Sinekolfus

von Salerno, dann mit Radelchis von Benevent verbündet war. *Chron. Sal.* S. 508 ff.".

Indem ich zunächst von der Persönlichkeit dieses in der Chronik von Salerno genannten Apolaffar absehe, möchte ich Becker hinsichtlich der Zurückführung des Namens Galafre auf den historischen Namen Apolaffar entschieden beistimmen. Ich halte es in der That für sehr wahrscheinlich, dass beide identisch sind. Das anlautende *A* konnte ja leicht abfallen, das *o* der ersten Silbe sich dem *a* der zweiten und dritten assimilieren, *Palaffar* durch Vertauschung des anlautenden Konsonanten, vielleicht in Anlehnung an den normannischen Namen *Gulafra* — ein Rogerius *Gulafra* begegnet bei Ordericus Vitalis, *Hist. eccl.* l. III, éd. Le Prévost cap. V, p. 87 und ib. cap. VIII, p. 107 — zu *Galaffar, Galafra, Galafre* werden. Wenn man bedenkt, welche arge Entstellungen gerade arabische Namen zu erfahren pflegten, so wird man urteilen, dass *Galafre* dem *Apolaffar* — welche Form freilich selbst schon aus *Abu-Giafar* verderbt ist — noch verhältnismässig sehr nahe steht.

Dagegen möchte ich nun stark bezweifeln, dass jener Apolaffar des *Chronicon Salernitanum,* auf den Becker hinweist, das geschichtliche Vorbild Galafres sei. Allerdings berichtet die Chronik, wie Becker bemerkt, über einen Zweikampf desselben mit dem älteren Guido von Spoleto, in dem Guido von Apolaffar und letzterer von Guidos Schildknappen verwundet wird; aber dieser Zweikampf hat doch in seinem ganzen Verlaufe mit dem zwischen Wilhelm und Galafre keinerlei Aehnlichkeit und, soweit ich sehe, liegt sonst kein Grund vor zu der Annahme, es spiegele sich jene Fehde zwischen Salerno und Benevent im Jahre 843, in der der Apolaffar des *Chronicon Salern.* auftritt, in unserer Branche, noch auch sind Erinnerungen an diese Ereignisse in irgend einer anderen französischen Chanson de geste bisher nachgewiesen. Dagegen spielt, wie wir oben sahen, ein sarazenischer Fürst gleichen Namens, Abu-Giafar, von den Griechen Apolafar genannt — unter welchem Namen ihn also auch die im griechischen Heere dienenden Normannen kennen mussten — auf Sicilien eben zur Zeit des ersten Auftretens der Normannen in Italien eine Rolle. Apolafar regierte, wie wir sahen, auf Sicilien von 1019 bis 1037; er schloss 1035 mit Byzanz einen Bund gegen die „Sicilianer", wurde von diesen und ihren Verbündeten geschlagen, floh zum griechischen Feldherrn, der nach Sicilien übersetzte, die

„Afrikaner" besiegte und 15000 christliche Sklaven befreite, wurde aber schliesslich von seinen eigenen Anhängern zu Palermo ermordet.

Ich möchte die Vermutung wagen, dass wir in diesem Apolafar das Vorbild für den Galafre unserer Branche zu erkennen haben. Ich meine, die Thatsache, dass Apolafar sich mit den Christen verbündete, dass er zu dem christlichen Feldherrn floh, und dass eben damals eine ungewöhnlich grosse Zahl christlicher Gefangener befreit wurde — ein Ereignis, das weithin Aufsehen erregen musste —, konnte von der Sage wohl dahin umgedeutet werden, Apolafar sei von den Christen gefangen genommen worden — wie der Galafre unserer Chanson —, er sei zum christlichen Glauben übergetreten und er sei es gewesen, der durch eine List die Sarazenen zur Herausgabe jener Gefangenen bewog. Freilich ist Apolafar an den Ereignissen der Jahre 1038 und 1039, in denen ich den eigentlichen historischen Kern unserer Branche erblicke, nicht mehr beteiligt. Wenn wir aber bedenken, dass Apolafars Name nach 18-jähriger Regierung über Sicilien auch bei den Christen allgemein bekannt sein musste, so hat die Annahme gewiss nichts unwahrscheinliches, er sei durch die Tradition, durch die Sage mit den Ereignissen der unmittelbar folgenden Jahre in Verbindung gebracht worden, es sei also der verunglückte Feldzug des Konstantinos Opos, in dem Apolafar seine Rolle spielt, durch die Tradition vermengt worden mit der sich unmittelbar an ihn anschliessenden Expedition des Maniakes.

Im übrigen gebe ich gerne zu, dass in Anbetracht der etwas vagen Natur der übereinstimmenden Züge die Identifikation Galafres mit Abu-Giafar—Apolafar ihre Bedenken hat und ich möchte ihr denn auch als Argument für die hier zu begründende These eine besondere Bedeutung nicht beimessen.

7. In der Chanson will Guaifier „von Spoleto", der, wie wir sahen, wohl mit Recht identificiert wird mit dem historischen Waifar von Salerno, dem Wilhelm seine Tochter zur Frau geben. Die Trauung soll eben vollzogen werden, da kommen Boten aus Frankreich, die Wilhelm abberufen, so dass die Vermählung unterbleibt. Nun heisst der Fürst von Salerno zur Zeit der Normanneneinwanderung Waimar, und wir hören, dass Wilhelm, nachdem er zum Grafen von Apulien ernannt war, dessen Nichte heiratete. Eine Verwechselung Waimars von Salerno mit Waifar

von Salerno, der aus dem Liede auf die Belagerung Salernos
bekannt war, musste, meine ich, leicht eintreten können, und
ich möchte denn vermuten, dass jenes historische Faktum die
Grundlage bildet für die in unserer Chanson berichtete geplante
Vermählung Wilhelms mit Waifars Tochter. Die Verwechselung
der Nichte mit der Tochter konnte offenbar leicht eintreten und
mochte dadurch befördert werden, dass Wilhelms Bruder und
Nachfolger als Graf von Apulien, Drogo, thatsächlich Waimars
Tochter heiratete.[1]) Natürlich wurde in dem unserer Branche
zu Grunde liegenden Liede die Vermählung wirklich vollzogen;
die vorliegende Version ist einfach eine Folge der Einreihung
des Liedes in den Wilhelms-Cyklus, wie unten noch gezeigt
werden wird.

8. Wie in der Inhaltsangabe unserer Branche oben mit-
geteilt wurde, hat Wilhelm in der ersten Nacht, die er zu Rom
zubringt, einen beängstigenden Traum: er sieht von Russland
(*Rossie*) ein Feuer herankommen, das Rom an allen Enden in
Brand steckt; ein Windhund springt, während er von seinen
Begleitern getrennt ist, auf ihn zu und versetzt ihm mit seiner
Pfote einen solchen Schlag, dass er zu Boden stürzt. Der Traum
wird dann vom Dichter dahin gedeutet, die Sarazenen seien im
Anzuge gewesen.[2]) Nun muss aber bei dieser Auslegung des
Traumes die Angabe doch offenbar höchlich befremden, das Feuer

---

[1]) Heinemann, a. a. O. S. 103.

[2]) Diese Deutung passt augenscheinlich absolut nicht zu dem Inhalt
des Traumes und rührt sicher von einem gedankenlosen Ueberarbeiter her.
Konnte es wohl einem überlegten Dichter einfallen, das blosse Herannahen
einer feindlichen Heeresmacht durch das obige Gleichnis zu symbolisieren?
Ich glaube nicht. Vielmehr scheint es mir kaum zweifelhaft, dass die ursprüngliche Tendenz des Traumes die war, ein Wilhelm bevorstehendes Unheil
anzukündigen, und dass er sich bezieht auf den Zweikampf mit Corsolt, auf
jenen kritischen Augenblick nämlich, wo Wilhelm seine Nasenspitze verliert:
Mit einem gewaltigen Streich trifft Corsolt den Wilhelm ins Visier, schlägt
ihm die Nasenspitze ab und spaltet ihm sein Ross durch und durch, so dass
Wilhelm sich nun zu Fuss seinem riesenhaften Feinde gegenübersieht und in
grösster Gefahr schwebt. Das ist es, was gemeint ist mit dem „tot le feseit
envers terre cliner". Corsolt schlägt ihn mit seiner Keule auf den Kopf und
wenn Gott und die Jungfrau sich seiner nicht angenommen hätten, so wäre
Wilhelm verloren gewesen:

V. 1083   *Ja mais par lui ne fust Rome aquitee,*
           Se Deus ne fust et la vierge onoree.

Der „Windhund" ist also Corsolt.

sei von Russland ausgegangen. Was in aller Welt — so fragt
man doch — haben denn die Sarazenen mit Russland zu thun?
Der sarazenische Ansturm ging doch aus von Süden und Westen,
von Afrika und Sicilien, nicht vom Norden, von Russland, und
in den französischen Chansons de geste wird bekanntlich auch
stets Afrika als die eigentliche Heimat der Sarazenen betrachtet.
Dass hier als solche Russland erscheint, ist gewiss sehr auffällig.
    Und noch eine andere Stelle muss unseren Anstoss erregen.
Als der Papst im sarazenischen Lager erscheint und König
Galafre auffordert, das Land zu verlassen, da giebt ihm dieser
zur Antwort: „Du bist nicht recht klug. Hier bin ich gekommen
in mein rechtes Erbe, das mein Ahn und mein Vorfahr gründeten
und Romulus und Julius Caesar, der diese Mauern und diese
Brücken und diese Schanzen baute“:

V. 462 ... „*Tu n'iés mie bien sages;*
        Ci sui venuz en mon dreit eritage,
        Que estora mes ancestre et mes aves,
        Et Romulus et Julius Cesaires,
        Qui fist cez murs et cez ponz et cez barres."

Man fragt sich wiederum erstaunt, wie der Dichter dazu
kommt, den Fürsten der Sarazenen Romulus und Julius Caesar
als seine Vorfahren bezeichnen zu lassen. Denn so muss die
Stelle doch verstanden werden, dass Galafre auch sie zu seinen
Vorfahren rechnet; anderenfalls hätte ihre Erwähnung ja hier,
wo es sich um Begründung seiner Erbansprüche handelt, keinen
Sinn. Dass aber nicht die Sarazenen Rom gegründet haben und
dass Caesar ein römischer Kaiser war, das war doch auch dem
unwissendsten Spielmann des Mittelalters bekannt.
    Ich glaube nun, der Anstoss ist in beiden Fällen zu
beseitigen durch die Annahme, dass eine Verwechselung der
Sarazenen mit den Griechen, den Byzantinern vorliegt, welche
letzteren ja nach dem sicilischen Feldzuge die eigentlichen Feinde
der Normannen waren: unmittelbar an jene Heerfahrt gegen die
Sarazenen schliesst sich die normannische Schilderhebung gegen
die griechische Herrschaft in Unteritalien und Wilhelm selbst
hat, wie wir sahen, in mehreren Schlachten gegen die Griechen
gekämpft, in eine derselben, die von Montepeloso, nach Gaufredus
Malaterra und dem Anonymus Vaticanus ausschlaggebend ein-
gegriffen. Die Griechen kamen in der That „aus der Gegend

von Russland her", ja nicht nur dies, sie kamen zum grossen
Teile direkt aus Russland, insofern nämlich die russischen Hilfstruppen, in erster Linie die berühmten russischen Waräger, ein
beträchtliches Kontingent im griechischen Heere bildeten. Die
„Russen" werden in den Chroniken der Zeit sehr häufig unter
den griechischen Truppen ausdrücklich erwähnt; so bei Leo
Ostiensis, *Chron. Mon. Cas.* II, 37[1]) anlässlich des von den Normannen unterstützten Aufstandes des Melus: „*[Gracci] Apuliam
sibi Calabriamque sociatis in auxilium suum Danis, Russis, et
Gualanis vendicaverant*"; desgleichen in den Annalen von Bari[2])
ad a. 1041 gelegentlich der Schlacht von Oliveto: „*ceciderunt ibi
multi Russi et Obsequiani*", und ebenda bei Erwähnung der
Schlacht von Cannae im Jahre 1018: „*ubi perierunt plurimi
Natulichi [= Anatolici] et Obsequiani, Russi, Trachici [= Thraces],
Calabrici, Longobardi, Capitanates*"; ja, Ademar von Chabannais
bezeichnet anlässlich des letztgenannten Treffens das griechische
Heer geradezu als das der „Russen", *Hist.* III, c. 55[3]): „*Quarto
congressi [sc. Normanni] cum gente Russorum victi et prostrati
sunt ...*" Eine von den Griechen drohende Gefahr konnte
deshalb sehr wohl aufgefasst werden als eine solche, die „von
Russland" käme.

Und was dann jenen zweiten Punkt betrifft, so betrachteten
die Griechen sich bekanntlich in der That als die Erben des
alten römischen Weltreiches, die griechischen Kaiser sich als die
rechtmässigen Nachfolger der römischen. Einem Anführer der
Griechen konnte somit vom Dichter sehr wohl die Behauptung
in den Mund gelegt werden, Rom sei von seinen „Vorfahren"
Romulus und Julius Caesar erbaut worden.

Die Annahme einer an beiden Stellen vorliegenden Verwechselung von Sarazenen und Griechen findet nun offenbar
eine höchst erfreuliche Stütze durch den von Cloëtta in seiner
mehrfach citierten Abhandlung „*Die der Synagon-Episode de
Moniage Guillaume II zu Grunde liegenden historischen Ereignisse*" erbrachten Nachweis, dass der ursprüngliche Held dieser
Episode eben Wilhelm von Hauteville ist; denn dieser Nachweis
stützt sich u. a. auf die Identifizierung einer in der Synagon-

---

[1]) Pertz, *SS.* VII, 652.
[2]) Pertz, *SS.* V, 54.
[3]) Pertz, *SS.* IV, 140.

Episode geschilderten Schlacht zwischen Franzosen und Sarazenen mit der oben erwähnten Schlacht von Montepeloso, in
der die Normannen die Griechen aufs Haupt schlugen; es ist
also hier die gleiche Verwechselung von Sarazenen und Griechen
vollzogen, die ich für unsere Branche statuieren zu müssen glaube.
Cloëtta weist, um sie zu erklären, auch darauf hin, dass seit
dem Jahre 1054 die Griechen in den Augen der Abendländer
erklärte Schismatiker, Ketzer waren, dass sie, ähnlich wie die
Sarazenen, als Falschgläubige, als Gegner des rechtgläubigen,
römisch-katholischen Christentums galten. Es mag sein, dass
dieser Faktor mitgewirkt hat, doch bedürfen wir seiner, glaube
ich, nicht; der Umstand, dass beide, Sarazenen sowohl als Griechen,
Gegner der Normannen waren, genügte, um ihre Verwechselung
in der normannischen Tradition herbeizuführen, wie denn Cloëtta
selbst bemerkt: „bei diesen so Schlag auf Schlag aufeinander
folgenden Ereignissen war überhaupt eine strenge Scheidung
zwischen den einander beständig ablösenden Gegnern der Normannen einem volkstümlichen Sänger unmöglich".[1])

Ist also die hier gegebene Erklärung der beiden fraglichen
Stellen richtig, hat wirklich eine Verwechselung der Sarazenen
mit den Griechen stattgefunden, dann haben wir in dieser Thatsache offenbar einen weiteren Grund für die Annahme, dass
unsere Branche die Thaten Wilhelms und seiner Normannen
wiederspiegelt. Denn eine derartige Verwechselung war eben
nur im 11. Jahrhundert möglich, nicht aber im 9. zur Zeit der
Sarazenenkriege Ludwigs II., da bei diesen, wie wir S. 21 sahen,
die Griechen die Verbündeten der Franken waren, eine Thatsache, die nach Ausweis des Loher und Maller auch die epische
Tradition festhielt.

Dies wären die Momente, welche mir dafür zu sprechen
scheinen, dass wir den eigentlichen historischen Kern unserer
Branche in dem ersten Auftreten der Normannen in Unteritalien und den Thaten Wilhelms Fierabras, ältesten Sohnes des

---

[1]) Ich darf mir wohl erlauben, hier ausdrücklich zu bemerken, dass
die oben gegebene Erklärung jener beiden auf den ersten Blick befremdlich
scheinenden Stellen unserer Branche niedergeschrieben war, bevor ich davon
Kenntnis erhielt, dass Cloëtta sich gleichfalls zu der Annahme einer von der
Sage oder Dichtung vollzogenen Verwechselung von Sarazenen und Griechen
genötigt gesehen hatte. Ich erblicke in diesem Zusammentreffen also allerdings
eine Stütze für die Richtigkeit meiner obigen Vermutung.

Tancred von Hauteville, späteren Grafen von Apulien, und seiner
Genossen zu erblicken haben. Sind die beigebrachten Gründe
auch, wie ich zugebe, von sehr verschiedenem Wert, so dürften
sie in ihrer Gesamtheit doch ausreichen, um die Thatsache ausser
Zweifel zu setzen.

Ich denke mir danach nun die Entwicklung unserer Branche
etwa folgendermassen:

Wilhelm, der anfangs der dreissiger Jahre mit seinem
Bruder Drogo in Unteritalien eingetroffen war, hatte sich bald
zu einer gewissen dominierenden Stellung unter seinen Lands-
leuten aufgeschwungen, so dass Waimar von Salerno, wie Amatus
berichtet (vgl. S. 35, Anm. 4), ihn zum Anführer jenes Normannen-
trupps ernennen konnte, der die Expedition des Maniakes nach
Sicilien begleitete. In den nun folgenden Kämpfen mit den Sarazenen wurde er vermöge seiner Körperkraft und seiner helden-
mütigen Tapferkeit rasch ein Gegenstand der Bewunderung bei
Freund und Feind. Vor allem erregte gewaltiges Aufsehen sein
Zweikampf mit dem sarazenischen Befehlshaber von Syrakus, den
er durch einen Lanzenstoss tötete, was allgemeine Flucht der Sarazenen zur Folge hatte. Kurz darauf errang er bei Troina an
der Spitze seiner Normannen, bevor die Griechen in den Kampf
eingreifen konnten, abermals einen glänzenden Sieg über die
Ungläubigen.

Diese Ereignisse bewirkten den Eintritt Wilhelms in die
Reihe der epischen Helden; sie prägten sich tief der Phantasie
seiner Stammesgenossen ein und lebten zunächst in der Tradition
fort. Bald wurden mit ihnen Vorgänge in Beziehung gesetzt, an
denen Wilhelm in Wirklichkeit nicht beteiligt gewesen war. In
dem der Unternehmung des Maniakes unmittelbar voraufgehenden
verunglückten Feldzuge des Konstantinos Opos gegen die Sarazenen Siciliens hatte ein Emir Apolafar, der 18 Jahre lang der
Beherrscher Siciliens gewesen, eine hervorragende Rolle gespielt:
er hatte mit den Griechen ein Bündnis geschlossen und war
dann vor seinen eigenen Glaubensgenossen zu diesen entflohen
— eben damals waren eine Menge christlicher Gefangener,
15 000 schätzte man, aus der sarazenischen Gefangenschaft befreit worden. Bald bildete sich die Tradition, Apolafar sei
vielmehr von den Griechen gefangen genommen worden, er habe
die Taufe empfangen und er sei es gewesen, der durch eine List

die Losgabe jener Gefangenen bewerkstelligt habe. Später nun
vermengte die Sage den Feldzug des Konstantin mit dem des
Maniakes und erzählte, Wilhelm selbst sei es gewesen, der den
Apolafar in siegreichem Zweikampfe gefangen genommen — was
dann zur weiteren Folge hatte, dass nun Apolafar zum Anführer
des sarazenischen Heeres gestempelt wurde, dem Wilhelm gegen-
übergestanden.

Diese Sage nun gelangte infolge des regen Verkehres, der
in der zweiten Hälfte des 11. Jh. Unteritalien mit der Normandie
verknüpfte, nach Frankreich.[1]) Hier stand damals der Helden-
sang in seiner vollen Blüte. Auf allen Burgen und Schlössern,
auf allen Strassen und Plätzen ertönten die Lieder von Roland
und Olivier, von Kaiser Karl und Kaiser Ludwig und von
den gewaltigen Kämpfen, die sie einst gegen die Sarazenen
sollten ausgefochten haben. Und nun vernahm man die Kunde
von Wilhelm *Fierebrace*, der in jüngst vergangener Zeit ähn-
liche Thaten im fernen Süden, in Sicilien, sollte vollbracht
haben. Es konnte nicht ausbleiben, dass die Dichtung sich
alsbald seiner Person bemächtigte, musste doch neuer Stoff den
Spielleuten jederzeit willkommen sein. Aber was wusste das
französische Publikum — vorausgesetzt, dass diese Namen sich
überhaupt so lange in der Sage erhalten hatten — von
Messina, von Syrakus und Troina, von Montepeloso, den Stätten,
von denen Wilhelms Ruhm ausgegangen war! Dagegen kannte
jedermann Rom, die Residenz des Papstes, so mancher aus
eigener Anschauung. So verlegte man denn den Schauplatz der
Sarazenenkämpfe Wilhelms in die Gegend von Rom. Befördert
mochte dieses „*Transfert*" werden durch den Umstand, dass alte
Lieder existierten, welche von Kämpfen Kaiser Karls oder Kaiser
Ludwigs gegen die Ungläubigen eben in Italien erzählten und
dass auch in diesen der Schauplatz die Gegend von Rom war
(vgl. oben den Loher und Maller, S. 16). Das Hauptinteresse
konzentrierte sich natürlich auf jenen siegreichen Zweikampf,
den Wilhelm mit einem sarazenischen Fürsten — Corsolt nannte
ihn die Tradition — bestanden hatte; dieser wurde nun ins

---

[1]) Dass Wilhelms Ruhm auch nach der Normandie drang, sagt ausdrücklich der Anonymus Vaticanus, a. a. O. S. 751: „*Cujus* [*sc. Guilielmi Comitis*]
*gloriosissima fama jam fere per totius Mundi terminos elucescens, transmon-
tanas partes, et praecipue Normanniam, referendo de suis successibus
laetificaverat*".

einzelne ausgemalt. Es schloss sich daran die Schilderung eines auf jenen Zweikampf folgenden allgemeinen Kampfes mit den Sarazenen und die Gefangennahme Galafres.

Wann aber, unter welchen Umständen, so fragte man sich, war Wilhelm nach Italien gekommen? Jedenfalls, mutmasste man, als einer jener 40 Pilger, von denen die Ueberlieferung berichtete, dass sie zuerst dahin ausgewandert seien und dass sie sich zunächst nach Rom gewendet hätten zum Papst, um von ihm den Segen zu erbitten (vgl. den oben S. 42 citierten Bericht des Leo Ostiensis sowie die Berichte Ademars und Radulf Glabers S. 43). Gewiss hatte er — so lag es nahe, weiter zu folgern — dort die Kunde von dem Einfall der Sarazenen erhalten und war ihnen dann auf ausdrückliche Bitten des Papstes selbst entgegengetreten.

Und damit war die Darstellung unserer Branche in ihren Hauptzügen gegeben.

Nun hatte sich weiter die Erinnerung erhalten, dass Wilhelm sich mit dem Fürsten von Salerno, Waimar, durch Heirat verbunden hatte; in Wirklichkeit hatte er sich, wie wir sahen (S. 36) mit Waimars Nichte vermählt, die Sage aber hatte aus der Nichte eine Tochter gemacht, was um so leichter eintreten konnte, als Wilhems Bruder und Nachfolger in der That Waimars Tochter geheiratet hatte. Aus einem epischen Liede kannte man nun einen Fürsten von Salerno Namens Waifar, fr. *Guaifier*, der darin von den Sarazenen belagert wurde. Eine gewisse inhaltliche Verwandtschaft dieses Liedes mit den Traditionen über Wilhelm bewirkte, dass jenes die letzteren beeinflusste; so identificierte man Waimar von Salerno mit Waifar von Salerno, der nun also Wilhelms Schwiegervater wurde. Jenes epische Lied, in dem Gnaifier auftrat, berichtete, wie gesagt, von seiner Belagerung durch die Sarazenen sowie von seiner Befreiung durch ein französisches Heer unter König Ludwig. Indem nun der Dichter des Wilhelmsliedes Guaifier in dieses einführte, machte er ihn aus einem mit knapper Not der Gefangenschaft der Sarazenen entronnenen Belagerten zu einem wirklich in sarazenische Gefangenschaft Geratenen und versetzte ihn unter jene 30 000 christlichen Gefangenen, die nach Wilhelms Sieg über Corsolt durch Galafre aus den Händen der Ungläubigen befreit wurden. Die Dankbarkeit für seine Errettung wurde nun der Grund, der Guaifier bestimmte, Wilhelm seine Tochter zur Frau zu geben.

5

Die Dichtung schloss natürlich ursprünglich durchaus angemessen
mit der wirklich vollzogenen Vermählung Wilhelms und der
Tochter Guaifiers. Wenn in unserer Branche die Heirat unterbleibt, so ist dies offenbar einfach eine Folge der Einreihung
des ursprünglich selbständigen Liedes in den grossen Cyklus von
Wilhelm von Orange, welche eine Abänderung des Schlusses
notwendig machte. Wilhelm von Orange hat nämlich bereits
eine Frau, Orable, der Compilator konnte ihn deshalb unmöglich
in Italien zum zweiten Male heiraten lassen. So gab er denn
dem Schlusse des Liedes die uns vorliegende Fassung, wonach
die Vermählung, die eben vollzogen werden soll, unterbrochen
wird durch zwei Boten aus Frankreich, die Wilhelm die Kunde
bringen von Kaiser Karls Tode und seinen Beistand anrufen
gegen die Empörer, die Ludwig des Thrones berauben wollen;
Wilhelm leistet der Aufforderung Folge, kehrt unverzüglich nach
Frankreich zurück und aus der geplanten Heirat wird nichts.
Der naheliegenden Frage aber, wie denn Wilhelm, der Gatte
Orables, überhaupt daran habe denken können, eine zweite Frau
zu nehmen, glaubte der Redaktor begegnen zu sollen durch die
Bemerkung:

V. 1433 *Trestot aveit entrobliée Orable*

„er hatte Orable rein vergessen“, — gewiss ein Einfall, der auf
das Prädikat „geistreich“ gerade keinen Anspruch erheben kann.

Dies wäre also ein Versuch. die Entstehung unserer Branche
auf Grund der in ihr nachweisbaren oder doch möglicherweise
in ihr enthaltenen historischen Thatsachen zu erklären; ich sage
ausdrücklich: ein Versuch, denn nur als einen solchen möchte
ich die vorausgehenden Darlegungen betrachtet wissen. Es liegt
mir fern, behaupten zu wollen, dass die Entwicklung der Sage,
der Krystallisationsprozess der einzelnen geschichtlichen Elemente.
sich wirklich in der angegebenen Weise vollzogen habe; es mag
sein, dass der Vorgang in vielen Punkten ein ganz anderer war.
Nur darauf kam es mir an, zu zeigen, dass sich unter Berück-
sichtigung der die Umbildung der Geschichte zur Sage in der
Regel bestimmenden Faktoren die Entstehung unserer Branche
auf Grund jener, m. E. in ihr sich widerspiegelnden historischen
Ereignisse vollkommen verständlich machen lässt.

Mag es sich nun also mit der allmählichen Gestaltung der
Sage verhalten wie ihm wolle, als gesichertes Ergebnis meiner

Ausführungen glaube ich bezeichnen zu dürfen den Nachweis, dass nicht, wie man bisher annahm, die Belagerung Salernos in den Jahren 871—72, sondern, wie schon Paulin Paris richtig erkannte, die Thaten Wilhelms Fierabras, des ältesten Sohnes Tancreds von Hauteville, den eigentlichen historischen Hintergrund der zweiten Branche des *Couronnement* bilden; die einzige in der Branche vorhandene Erinnerung an jene Belagerung Salernos dürfte zu erblicken sein in der Gestalt Guaifiers „von Spoleto", der vermutlich aus einem die fragliche Belagerung behandelnden Liede, welches infolge inhaltlicher Verwandtschaft mit der Wilhelmstradition oder dem Wilhelmsliede letztere beeinflusste, herübergenommen wurde, sowie in dem Motiv seiner Befreiung aus sarazenischer Gefangenschaft durch ein siegreiches christliches Heer; möglich, dass ausserdem der Zug, wonach der Papst selbst dem Kampfe zusieht, aus dem Guaifier-Liede stammt, da ein gleiches von ihm berichtet wird in jenem, im Loher und Maller analysierten Epos, welches auf den nämlichen Ereignissen beruht wie das hypothetische Guaifier-Lied.

Somit ist also Wilhelm von Hauteville auch auf Grund der zweiten Branche des *Couronnement* — wie, nach Cloëttas Ausführungen in seiner mehrfach citierten Abhandlung, auf Grund der Synagon-Episode — den zahlreichen geschichtlichen Vorbildern des Wilhelm von Orange anzureihen und das der Branche zu Grunde liegende Lied ist aller Wahrscheinlichkeit nach entstanden in der Normandie in der zweiten Hälfte des 11. Jahrhunderts.

Dieses Resultat steht nun aber freilich im direkten Widerspruch mit einer Behauptung von Gaston Paris in seiner Kritik der Cloëttaschen Abhandlung, *Romania* 24, 457, wonach im 11. Jahrhundert epische Lieder auf geschichtlicher Basis überhaupt nicht mehr entstanden wären: „*Au XIe siècle, l'âge de la transformation de l'histoire en épopée était passé (les Croisades n'ont pas donné une vraie épopée) ...*" Bei aller Achtung vor der Autorität dieses ausgezeichneten Gelehrten und gründlichsten Kenners der epischen Poesie Frankreichs glaube ich doch, dass es schwer sein dürfte, entscheidende Gründe für die aufgestellte These beizubringen. Was den Hinweis auf die Kreuzzüge betrifft, so geht die Thatsache, dass diese eine eigentliche Epopöe nicht hervorgebracht haben, doch mehr das 12. als das 11. Jahrhundert an. In unserem Falle liegen die in Betracht kommenden Ereignisse (1038—45) dem ersten Kreuzzuge um ca. 60, dem zweiten aber um mehr denn 100 Jahre voraus, — Zeiträume, die doch für die hier zur Discussion stehende Frage wohl berücksichtigt werden müssen. Und dass zu einer Zeit, wo das Rolandslied sowohl als Isembard und Gormund erst die uns vorliegende Gestalt erhielten, wo in diese Lieder noch Personen aus verhältnismässig naher Vergangenheit wie Richard I. von der Normandie († 996) und Odo II. von Champagne († 1037) eingeführt und ganze Tiraden auf sie gedichtet wurden, dass zu dieser Zeit, die noch völlig in der Atmosphäre des Heldensanges lebte und webte, unter dem Eindrucke gewaltiger historischer Ereignisse und überragender Persönlichkeiten nicht auch neue epische Lieder gelegentlich sollten haben entstehen können, das dünkt mich *a priori* wenig wahrscheinlich.

Indess — wozu eine Frage erst des langen und breiten erörtern, die eben durch die Existenz unserer Branche thatsächlich bereits entschieden ist? Unsere Branche selbst, so behaupte ich, legt vollgültiges Zeugnis dafür ab, dass, wenigstens bei den Normannen, auch im 11. Jahrhundert noch epische Lieder auf geschichtlicher Grundlage entstehen konnten.

Danach ist denn die zweite Branche unter den vieren, aus denen sich das *Couronnement de Louis* zusammensetzt, aller Wahrscheinlichkeit nach die jüngste, insofern nämlich die andern Branchen alle in geschichtlichen Ereignissen einer viel früheren Zeit wurzeln (vgl. die S. 5 citierten Abhandlungen von Willems und Jeanroy). Dieses Ergebnis findet nun, was die dritte Branche anlangt, eine sehr erfreuliche Bestätigung durch ein aus dem Studium der Assonanzen entnommenes sprachliches Moment, auf das schon Langlois, *Introd.* S. CXLV und CLVIII und nach ihm Willems, a. a. O. S. 82 hingewiesen haben, freilich, ohne ihm die richtige Deutung zu Teil werden zu lassen. Es handelt sich um einen zwischen Branche II und III (Richard von der Normandie) hervortretenden Unterschied in der Behandlung von *o* + Nasal und reinem *o*. Während nämlich in der letztgenannten Branche nach Ausweis von Tirade XLIII und LII beide Laute mit einander assonieren, werden sie in Branche II streng auseinander gehalten: Tirade XXVI hat in 108 Versen ausschliesslich Assonanzen auf *o* + Nasal. (Wie Branche I und IV sich in diesem Punkte verhalten, wissen wir nicht, da beide *o*-Assonanzen überhaupt nicht aufweisen). Die Erklärung nun, welche Langlois

für die Erscheinung giebt, ist in hohem Grade künstlich und
unwahrscheinlich. Er wirft nämlich die Frage auf, ob die
verschiedene Behandlung der beiden Laute dadurch zu erklären
sei, dass der Dichter des *Couronnement*, zu einer Zeit lebend,
wo die Nasalierung von *o* eben zum Durchbruch kam, sich
anfangs (in Branche II) noch eine grössere Strenge in der
Behandlung der Assonanzen zur Pflicht gemacht habe, auf die
er dann später (in Branche III) Verzicht leistete, — oder ob
wir den Grund jener Erscheinung darin zu erblicken haben,
dass uns in den einzelnen Branchen des *Couronnement* verschiedene, ursprünglich selbständige Gedichte vorliegen, die erst
später zu einem Ganzen vereinigt wurden. Langlois meint, beide
Erklärungen seien „*également plausibles*". Trotzdem entscheidet
er sich nun für die erste Möglichkeit, aber rein willkürlich, ohne
irgend einen Grund für seine Entscheidung geltend zu machen.
Denn wenn er bemerkt, im zweiten Falle müssten jene Gedichte
nicht nur zu verschiedener Zeit entstanden, sondern — aus
einem nachher zu erörternden Grunde — auch in verschiedenen
Dialekten abgefasst gewesen sein, so wird man doch, falls Langlois
hierin ein Bedenken gegen jene zweite Möglichkeit erblicken
sollte, sofort antworten: „Und warum sollten sie denn nicht in
verschiedenen Dialekten abgefasst gewesen sein?" Die andere
Möglichkeit nun, der Langlois den Vorzug giebt, muss offenbar als
eine recht künstliche bezeichnet werden. Ist es, frage ich, wohl
glaublich, dass ein Dichter, für den *o* + Nasal und reines *o* sich
klanglich noch so nahe standen, dass er beide in zwei Tiraden
von zusammen 80 Versen noch unbedenklich im Reime band,
sich in einer Tirade von vollen 108 Versen die unnütze und
lästige Fessel angelegt haben sollte, beide Laute auseinander zu
halten, ausschliesslich Assonanzen mit *o* + Nasal zu verwenden,
während sich ihm Reime mit reinem *o* zahlreich darbieten
mussten? Ich glaube, es giebt nichts unwahrscheinlicheres als
diese Annahme. Deshalb werden wir uns vielmehr für jene zweite
Möglichkeit entscheiden, wonach die in Rede stehende Discrepanz
dadurch ihre natürliche Erklärung findet, dass Branche II ursprünglich ein selbständiges Lied war und von einem anderen
Dichter herrührt als Branche III. Für diese Annahme spricht
auch der Umstand, dass Branche II noch bezüglich eines weiteren
Punktes in der Behandlung der Assonanzen von anderen Branchen
des *Couronnement* (von Branche I und IV) abweicht, nämlich

bezüglich der Bindung von *en* und *an*. Denn dass gerade in
dieser Branche solche sprachliche Besonderheiten hervortreten,
kann doch kaum als Zufall betrachtet werden, sondern weist
entschieden darauf hin, dass die Branche eben von einem anderen
Verfasser herrührt als diejenigen Branchen, welche entsprechende
Lauterscheinungen nicht zeigen.

Eine andere Erklärung der in Rede stehenden Erscheinung
als Langlois giebt Willems a. a. O. Er meint, Branche II könne
nicht später verfasst sein als Branche III, da sie auf älterer
historischer Basis beruhe als letztere (auf der Belagerung Salernos
871—72). Da nun die Scheidung der beiden fraglichen Laute in
der Assonanz das jüngere sei, so müsse Tirade XXVI entweder
interpoliert sein, *„cette laisse n'apportant rien de nouveau au
poème"*, oder sie sei später einer Ueberarbeitung unterzogen
worden, von der jene beiden anderen Tiraden verschont blieben.
Dass Tirade XXVI „nichts neues bringe", ist eine mehr als
kühne Behauptung, wenn man bedenkt, dass eben sie jene Scene
enthält, in der Wilhelm seine Nasenspitze einbüsst und sich
den Beinamen des *„Marquis au court nez"* erwirbt: die Tirade
muss vielmehr als unentbehrlich bezeichnet werden; und die
Annahme einer Ueberarbeitung, die sich auf Tirade XXVI beschränkt hätte, ist offenbar ebenso künstlich wie die oben besprochene Theorie Langlois'. Es liegt nun aber auch gar kein
Grund vor, Interpolation oder Ueberarbeitung der fraglichen
Tirade anzunehmen, da, wie in dieser Abhandlung gezeigt wurde,
die eigentliche geschichtliche Grundlage von Branche II eben
nicht, wie Willems glaubt, älter, sondern viel jünger ist als die
von Branche III, es also auch ganz natürlich erscheint, dass sie
jüngere Lautentwickelung aufweist als die letztere.

Also, ich bin der Ansicht, dass die Scheidung von *o* + Nasal
und reinem *o* in Branche II gegenüber ihrer Vermengung in
Branche III sich erklärt durch Verschiedenheit der Verfasser der
beiden, ursprünglich selbständige Lieder darstellenden Branchen.
Ist dem so, dann folgt aus dieser Thatsache, dass Branche II
jünger ist als Branche III, da, wie schon bemerkt, die
Trennung jener Laute in der Assonanz einer späteren Stufe
der Sprachentwickelung angehört als ihre Gleichstellung.

Ein gleichfalls aus der Beobachtung der Assonanzen ge-
schöpftes sprachliches Moment bestätigt nun des weiteren auch
unsere ausschliesslich auf inhaltliche Gründe basierte Vermutung,

dass der Verfasser von Branche II in der Normandie zu Hause
war. Wie nämlich Langlois, *Introd.* S. CXLIV ff., gezeigt hat,
scheidet diese Branche nach dem Zeugnis von Tirade XXIII
zwischen · *en* und *an* im Reime, was Branche I (Tirade I) und
Branche IV (Tirade LIX und LXII) nicht thun (Branche III
enthält keine *en*- oder *an*-Tirade). Langlois will nun diese abweichende Behandlung von *en* und *an* ebenso wie das oben besprochene Phänomen erklären durch die Annahme, der Dichter
des *Couronnement* habe zu einer Zeit gelebt, wo *en* und *an* erst
auf dem Wege waren, zusammenzufallen, und er habe anfangs
exakter, dann lässiger gereimt. Hiergegen ist nun offenbar das
gleiche Bedenken geltend zu machen wie oben gegen Langlois'
Erklärung der *on*-Tirade, und überdies scheitert im vorliegenden
Falle seine Vermutung, der Dichter habe erst strenger gereimt
und später sich mehr Freiheit gestattet, sofort an Tirade I,
welche ja *en* und *an* schon bindet. L. bemerkt nun allerdings
bezüglich dieser Tirade: „*la distinction entre les deux sons paraît
cependant probable*", aber das ist eine ganz willkürliche, durch
nichts begründete Behauptung, denn neben acht Assonanzen auf
an erscheint in der Tirade eben auch eine auf -*en: gent*, und
da diese in allen Handschriften steht, so ist an ihrer Echtheit
nicht zu zweifeln: die Tirade scheidet also die beiden Laute
thatsächlich nicht.

Willems vertritt auch hier wieder eine abweichende Anschauung, nämlich die, das ganze *Couronnement*, von dem er die
erste Branche (also auch Tirade I) als später hinzugedichtet
abtrennt, habe ursprünglich *en* und *an* geschieden. Seine Gründe
für diese Behauptung sind jedoch völlig unzureichend. Denn wenn
er bezüglich Tirade LXII, welche beide Laute mischt, darauf
hinweist, dass Hs. C diese Tirade nicht enthalte, dafür aber
eine andere, in AB fehlende, LXIII in C, welche ausschliesslich
Reime auf -*en* biete, so müsste nun doch erst bewiesen oder
wahrscheinlich gemacht werden, dass C gegenüber AB die ur-
sprünglichere Fassung biete, — was aber nicht geschieht; und
wenn W. hinsichtlich Tirade LIX, die gleichfalls *en* und *an*
nicht trennt, erklärt, die Tirade sei eben später überarbeitet
worden, so müsste doch auch für diese Aufstellung irgend
ein Grund beigebracht werden, — was wiederum nicht geschieht. Die fragliche These Willems' schwebt somit gänzlich
in der Luft.

Wir werden denn also auch in diesem Falle, im Gegensatze
zu Langlois und Willems, die abweichende Entwickelung von
e + Nasal in Branche II gegenüber Branche I und IV erklären
durch die Annahme, dass erstere ehedem ein selbständiges Lied
darstellte und von einem anderen Dichter herrührt als die beiden
letzteren Branchen. Nun ist bekanntlich die Scheidung von *en*
und *an*, welche in Branche II vorliegt, eine Eigentümlichkeit
des normannischen und des pikardischen Dialektes, wohingegen
im Französischen schon früh Zusammenfall der beiden Laute ein-
trat. Wir werden deshalb, nachdem wir rein aus inneren Gründen
zu dem Schlusse gedrängt wurden, Branche II sei vermutlich
in der Normandie zu Hause, in der Thatsache, dass die sprachliche Form der Branche einen der charakteristischen Züge des
normannischen Dialektes aufweist, eine willkommene Bestätigung
jenes mit ganz anderen Mitteln gewonnenen Ergebnisses erblicken
dürfen.

Ich fasse nun zum Schluss die Resultate der vorliegenden
Untersuchung nochmals kurz in folgenden Sätzen zusammen:

Die zweite Branche des *Couronnement de Louis* spiegelt
wider das erste Auftreten der Normannen in Unteritalien im
Jahre 1016 und die Thaten Wilhelms Fierabras, der 1045 als
Graf von Apulien starb; daneben haben sich in ihr Reminiszenzen
an die Belagerung Salernos durch die Sarazenen in den Jahren
871—72 erhalten. Sie bildete ursprünglich ein selbständiges
episches Lied, das vermutlich in der Normandie in der zweiten
Hälfte des 11. Jahrhunderts entstand und später in den Wilhelms-
cyklus eingereiht wurde infolge von Identificierung des Helden
mit Wilhelm von Orange. Die Branche ist im Hinblick auf
ihre historischen Grundlagen vermutlich die jüngste unter den
Branchen, aus denen sich das *Couronnement* zusammensetzt, und
gestattet nicht, das Vorhandensein dieses Epos in der uns vorliegenden Fassung höher hinaufzurücken als etwa in den Anfang
des 12. Jahrhunderts.